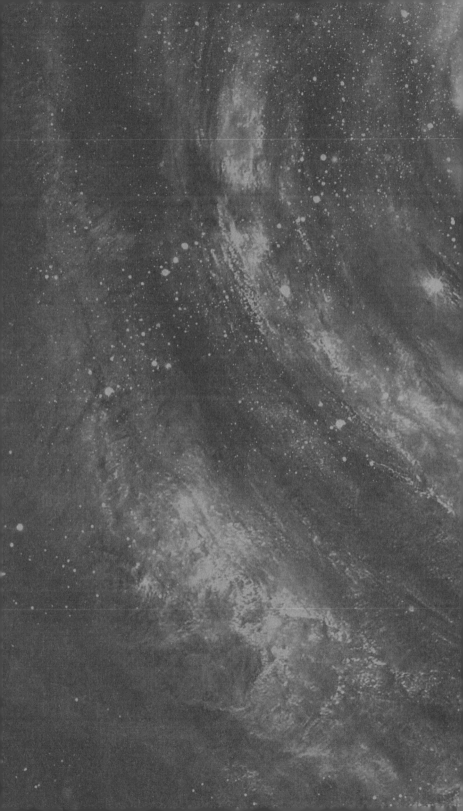

태아의 세계

인류의 생명 기억을 찾아서

태아의 세계

인류의 생명 기억을 찾아서

미키 시게오 지음 · 황소연 옮김

바다출판사

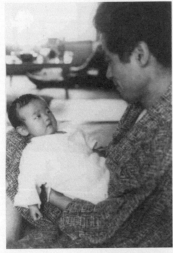

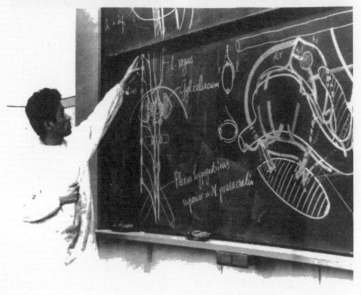

(왼쪽 위) 장녀 미키 사야카가 태어난 지 50일 되던 날.
(오른쪽 위) 도쿄예술대학교 재직 시절.
(아래) 1957년 도쿄의과치과대학교 해부학 교실에서 강의하는 모습.
사진ⓒ 미키 모모코.

태아의 세계로 들어가며

과거로 향하는 '그윽한 눈빛'이라는 표현이 있다. 인간만이 짓는 독특한 표정일 것이다.

몇십 년 만에 모교의 교정에 선다. 눈에 비치는 나무 한 그루, 풀 한 포기에 무수히 많은 상념이 깃든다. '지금 여기'에 '지난날의 저기'가 살포시 하나로 포개지는 것이리라. 하나하나의 기억이 바로 그 자리에서 떠오른다.

'기억'과 '회상'은 종종 혼동된다. 다시 생각해내는 것을 전제로 완벽하게 기억하려는 습관이 어느새 몸에 배었기 때문이다. 하지만 우리는 분명 잊어버리고 흘려보내는 것들이 있다. 반대로 자신도 모르는 사이에 기억하고 있던 일들이 문득 또렷이 떠오를 때가 있다. 교정에 있는 나무 한 그루, 풀 한 포기의 자태가 젊은 나날을 통과해서 어느새 지금 여기에 있는 몸속으로 들어오듯이. 본디 기억이란 의식적인 회상과는 무관한 자리에서 이루어지는 것 같다. 바꿔 말하면 기억은 인간의 의식과는 차원을 달리하는, '생명'의 심층 사건인 셈이다. 아메바의 들판까지 펼쳐진 생물의 산줄기를 무대로 유구한 세월에 걸친 진화의 흐름 속에서 조상 대대로 영위하고 자손 대대로 계승해온, 바로 그런 기억 말이다. 우리는 이를 '생명 기억'이라고 부른다.

이 책에서는 인류의 생명 기억에 관한 온갖 세계를 이야기하려고 한다. 먼저 〈제1장 고향으로의 회귀〉에서는 필자의 개인사를 첫머리에 소개한다. 이는 기억에서 사라졌던 머나먼 과거가 아주 사소한 계기로 갑작스레 되살아난 이야기다. 말 그대로 생명 기억에 대한 회상인데, 본문에서는 이 불가사의한 회상이 저 멀리 인류가 출현한 신생대 제4기부터 포유류가 번성한 신생대 제3기를 거쳐 척추동물이 상륙한 고생대까지 거슬러 올라가 마침내 생명 탄생의 태곳적 바다까지 다다른다. 어쩌면 이 이야기는 옛날이야기일지도 모른다. 하지만 여느 옛이야기와는 차원이 다르다. 그도 그럴 것이 동화 같은 꿈의 세계를 항상 현실에 단단히 동여매는, 생물의 '비교형태학' 소견이 실증이라는 이름의 그물망으로 펼쳐져 본문 전편을 촘촘히 둘러치고 있기 때문이다. 인간 '태아의 세계'는 그 정점에 위치한다.

다음 〈제2장 태아의 세계〉에 등장하는 태아들은 마치 생명의 탄생과 진화의 줄거리를 달달 외듯이, 옛 드라마를 찰나의 팬터마임으로 응축시켜서 변신을 거듭하며 몸소 보여준다. 이런 모습은 세상이 이루어진 맨 처음부터 지금까지의, 생명 기억의 재현이라고 말할 수 있지 않을까? 본문에서는 그 재현 모습을 먼저 닭의 알 속에서, 그다음 인간 태아의 정면 얼굴에서 각각 관찰하는데, 이쯤 되면 우리는 '태아의 꿈' 너머로 시선을 고정하고, 그 잔상이 '기형'이라고 불리는 것들 위에서 희미하게 표류하는 모습을 그저 멍하니 바라볼 따름이다.

이렇게 태아가 연출하는 변신의 상징극은 수정란 발생의 비밀스러운 의식으로 대대손손 전승된다. 항상 생명 탄생의 근원으로 되돌아가서 원점에서부터 출발하려는 주행의 모습, 즉 '생물의 세대교체'의 파동이야말로 모든 '생의 리듬'을 포괄하는 '생명 파동'이라고 부를 만하지 않을까? 이는 생명 기억의 근원을 이루는 것이어야 한다. 〈제3장 생명의 파동〉 첫머리에서는 이것이 괴테가 말하는 '식(食)과 성(性)의 우주 리듬'으로 나타나고, 드디어 내장의 물결 이른바 '내장 파동'으로 상징되는 '영원주행'의 영위 속에서 우리 인간이 걸어가야 할 본래의 '도(道)'를 찾아 나선다.

태아의 세계, 즉 인류 생명 기억의 고향으로 여러분도 순례의 길을 한번 떠나보지 않겠는가?

차례

저자 서문   태아의 세계로 들어가며 ⋯⋯⋯⋯⋯⋯⋯⋯⋯⋯⋯⋯⋯⋯ 5

제1부   고향으로의 회귀─생명 기억과 회상

제1장 민족과 귀향 ⋯⋯⋯⋯⋯⋯⋯⋯⋯⋯⋯⋯⋯⋯⋯⋯⋯⋯ 13
       야자열매의 기억 | 비단길 | 귀향의 생리

제2장 모유의 맛 ⋯⋯⋯⋯⋯⋯⋯⋯⋯⋯⋯⋯⋯⋯⋯⋯⋯⋯⋯ 36
       모유와 현미 | 포유동물의 역사 | 미각의 근원─'억'의 의미

제3장 양수와 고대 해수 ⋯⋯⋯⋯⋯⋯⋯⋯⋯⋯⋯⋯⋯⋯⋯⋯ 58
       출산 | 척추동물의 상륙 | 생명의 소금

제2부   태아의 세계─생명 기억의 재현

제1장 닭의 생명, 나흘째 ⋯⋯⋯⋯⋯⋯⋯⋯⋯⋯⋯⋯⋯⋯⋯ 85
       먹물의 주입 | 나흘째 사건 | 상륙의 형상

제2장 태아의 발생 ⋯⋯⋯⋯⋯⋯⋯⋯⋯⋯⋯⋯⋯⋯⋯⋯⋯ 112
       태아의 얼굴 | 수정 1개월의 초상 | 옛 모습─원형에 대하여

제3장 재현에 대하여 ⋯⋯⋯⋯⋯⋯⋯⋯⋯⋯⋯⋯⋯⋯⋯⋯ 139
       개체 발생과 종족 발생 | 기형이 의미하는 것들 | 태아의 꿈

제3부   생명의 파동—생명 기억의 근원

　제1장 영양과 생식에 대하여 171
　　　　 칠성장어의 변태 | 식물의 변신 | 영양과 생식의 위상 교체

　제2장 내장 파동 194
　　　　 생명의 파동 | 만물 유전—리듬의 본질 | 태아와 우주

　제3장 영원 주행 217
　　　　 동양의 '도' | 천궁의 의미 | 어머니의 바다

저자 후기 태아의 세계에서 나오며 245
역자 후기 천재 과학철학자의 아름다운 '상상' 248
참고문헌 253

I

고향으로의 회귀―
생명 기억과 회상

제1장
민족과 귀향

야자열매의 기억

몇 년 전 지방 도시에서 초청 강연회가 있었다. '생명 기억과 회상'이라는 부제를 단 강연회였다. 지금 내 주변에 당시의 기록이 남아 있어서 강연 첫머리를 잠시 재현해보고자 한다.

보통 '기억'이라고 하면 물질적인 것과 정신적인 것을 두루 아우르며 이와 관련해 차츰차츰 축적된 것을 지칭하지만, 지금부터 말씀드리려고 하는 '기억'이란 이 세상에 태어나기 전부터, 즉 탄생할 때 이미 갖추고 태어난 기억을 말합니다.

이는 30억 년 전, '태초의 생명구(球)'가 탄생한 태곳적부터 몸속에 대대손손 쌓이면서 면면히 이어내려 온 기억이기도 합니다. 현대의 생물학은 이 문제에 바짝 다가갔지만, 가까이 가면 갈수록 멀어지는 느낌이라고 할까요?

다만 몸을 이루는 하나하나의 세포 속에 많은 양이 아주 치밀하게 봉인되어서 대를 거듭하며 확실하게 전해져 내려오는 것은 분명합니다. 이른바 '기억의 유전'이지요. 흔히 말하는 본능도 이 메커니즘 없이는 도저히 생각할 수 없습니다. 따라서 이 기억은 시험 때 달달 외우는 암기 공부와는 전혀 다른 성질로, 인간의 생명을 뿌리에서부터 단단히 지탱하고 있습니다. 저는 이 기억을 '생명 기억'이라고 즐겨 부릅니다.

생명 기억! 아마도 여러분은 이 단어를 자주 접하지 않았을 테지만, 왠지 이 말을 듣는 순간 마음 깊은 곳에 어떤 울림이 전해지지 않습니까? 이 생명 기억도 우리가 흔히 말하는 기억처럼 회상할 수 있습니다.

제가 이런 말씀을 드리면 고개를 가우뚱하는 분도 계시겠지요. 예를 들어, 어느 가을날 해 질 녘 홀로 사색에 잠겨 있을 때 사찰의 풍경 소리가 울립니다. 소리가 나는 순간에는 미처 인식하지 못했지만, 잠시 후 깊은 사색에서 빠져나와서 '아, 처마 끝에서 풍경이 울었구나!' 하며 소리를 기억해내는 일은 누구나 쉽게 경험할 수 있습니다.

요컨대 기억이란 특별하게 의식하지 않아도 확실하게 이루어지고 있습니다. 부지불식간에 몸 구석구석까지 파고듭니다. 저는 이것을 '무의식의 체득(體得)'이라고 부릅니다. 이렇게 자신도 모르는 사이에 체득한 것이 어떤 계기로, 역시 자신이 모르는 사이에 밖으로 나옵니다. 시쳇말로 본색을 드러내는 것이지요.

지금부터 할 이야기도 아주 오래된 본색, 본성과 관련된 것입니다. 우리가 한 번도 보지 못한 머나먼 조상의 그 조상 대부터 몸속의 원형질에 깊이 스며들어서 고이 간직하게 된, 물론 차원은 다르겠지만 마치 사찰의 풍경 소리를 떠올리듯 선명하게 되살아나는 생명 기억에 관한 이야기입니다.

제 개인적인 이야기를 불쑥 꺼내서 송구스럽습니다만, 큰딸이 두 살인가 세 살 때쯤이니까 꽤 오래전 일입니다. 당시 토요일 오후 귀갓길에는 어김없이 선물을 들고 집으로 향했는데, 그날도 역시 선물을 사려고 백화점에서 서성이고 있었습니다. 발 디딜 틈 없이 혼잡한 백화점에서 수많은 사람에게 떠밀리다가 저도 모르게 지하 과일 코너 앞에서 걸음을 멈추게 되었습니다. 마치 정처 없이 떠돌다가 가까스로 정착한 것처럼 말이지요. 정신을 차리고 보니 눈앞에는 얇은 갈색 껍질에 둘러싸인 덩어리가 작은 산처럼 수북하게 쌓여 있었습니다.

'야자열매다!'

지금은 백화점에서 수입 과일을 쉽게 구경할 수 있지만, 그때만 해도 야자나무 열매가 흔하지는 않았습니다. 저도 모르는 사이, 야자열매를 마음속으로 외쳤지요. 말로 표현할 수 없는 그리움 같은 것이 솟구쳐 올라와서 잽싸게 하나 샀습니다. 점원이 야자 덩어리를 종이 봉지에 씩씩하게 담아 넣는 광경을 물끄러미 바라보자니 제 마음은 이미 열매 속 액체로 가득 차오르는 듯했습니다. 열매를 빨아 먹는 것이 왠지 의무인 것처럼 말이지요.

다음 날 아침, 평소와 다르게 일찍 일어나서 베란다에 신문지를 깔고 준비를 하려니까, 딸아이가 아장아장 다가와서 제 곁에 쪼그리고 앉았습니다.

"그래, 그래. 줄게!"

딸을 향해 이렇게 말한 뒤, 죽순 껍질 벗기듯 쉬우리라 생각하며 소맷자락을 걷어붙였습니다. 하지만 나무껍질 같은 감촉이 제 손을 밀쳐냈습니다. 인간의 손길 따위는 완강히 거부하는 것 같았지요. 당황한 나머지 저는 톱을 가져와야 했습니다.

초등학교 시절 뽀얀 먼지를 뒤집어쓴 야자열매가 집에 있던 기억이 머릿속에 줄곧 남아 있었습니다. 속이 드러난 껍질을 반으로 벌려서 만든 작은 야자 꽃병이었지요. 골동품을 좋아하시던 아버지께서 어딘가에서 구해오신 물건인데, 그때 이후로 야자 껍질 두께 정도는 알게 되었습니다. 하지만 백화점에서 사온 야자열매는 톱으로 썰어보아도 꿈쩍하지 않았습니다.

'왜 이렇게 딱딱하지? 이렇게 단단하니까 무사히 바다를 건너올 수 있었던 걸까?!'

드디어 끝이 가늘게 쪼개진 틈 사이로 새하얀 속살이 얼굴을 내밀었습니다. 송곳으로 조심스럽게 구멍을 낸 다음 빨대를 꽂고 마치 몽유병 환자처럼 액체를 빨아올렸습니다.

"뭐야, 이 맛은!"

뭔가 김이 빠졌다고 해야 할까요? 그 맛은 전혀 모르는 낯선 맛이 아니었습니다. 오히려 그리운 고향의 맛이었습니다.

"어떻게 된 거지? 내 조상은 정말 폴리네시아인인가……."

이는 가슴 깊은 곳에서 새어 나온 외마디 절규였기에, 여기에 이론이나 이성은 전혀 개입되지 않았지요. 아니나 다를까, 나중에 들은 이야기이지만 그때 백화점에서 사온 야자열매는 현지 야자보다 훨씬 오래된 품종이었다고 합니다.

실은 여러분에게 지금부터 들려드리려고 하는 이야기도 바로 까마득한 옛 세계의 이야기입니다. 서양의학을 공부한 사람이 초자연적인 세계를 진지하게 파고드는 것 같다고 조금 의아하게 생각하는 분도 있을지 모르겠네요. 실증을 으뜸으로 치는 오늘날의 세상 잣대로 보면 이는 웃음거리일지도 모릅니다. 하지만 지금 소개할 이야기는 결코 가볍게 보고 넘길 수 있는 하찮은 세계가 절대 아닙니다.

최근 대뇌생리학에서는 인간의 뇌를 좌우 반구로 구분하고 좌뇌는 '논리'를 관장하는 '로고스(logos)의 뇌', 우뇌는 '감성'을 관장하는 '파토스(pathos)의 뇌'라는, 좌뇌와 우뇌의 기능 분화를 과학적으로 밝혀냈습니다.

언뜻 듣기에 어렵게 들릴지도 모르지만, 뇌와 이어져 있는 좌우 눈과 귀, 특히 손이라는 말초 기관의 활동을 관찰해보면 쉽게 알 수 있습니다. 이들 감각기관의 모양은 좌우 대칭이지만, 그 활동은 전혀 다릅니다. 즉 뇌와 같은 분업이 이루어지고 있다는 뜻이지요. 예를 들면 책을 펼쳤을 때 오른쪽 페이지에서는 활자를 먼저 읽고, 왼쪽 페이지에서는 그림을 먼저 보게 되는 경우가 많은데, 이처럼 인간의 오른쪽 눈은 글자를, 왼쪽 눈은 도형을 더 쉽게 이해하는 것 같습니다. 이는 귀도 마찬가지입니다. 전화로 중요한 이야기를 할 때 수화기를 오른쪽 귀에 바짝 대고 귀를 쫑긋 세우며 귀 기울여 듣습니다. 하지만 목소리 자체를 듣고 싶을 때는 왼쪽이 더 낫습니다. 멜로디도 마찬가지고요. 손과 관련해서 말씀드리자면, 글자 자체는 오른손에 적합하게 생겨났고, 그림을 그릴 때는 역시 왼손이 활약할 때가 많습니다. 이와 같은 좌뇌와 우뇌의 분업화 이론은 간질 치료를 위해 좌우 반구를 절단했을 때 처음으로 알게 된 사실로, 충분히 노벨상을 탈 만한 가치가 있는 훌륭한 연구입니다.

우리 인간의 감각-운동 기관은 오른쪽으로는 문자나 언어 즉 로고스의 세계를, 왼쪽으로는 그림이나 음악 즉 파토스의 세계를 더 잘 이해하면서 서로 분담하고 있습니다. 감각기관은 신경의 교차로 인해 반대쪽의 뇌와 연결되기 때문에, 결과적으로 좌뇌는 로고스, 우뇌는 파토스라는 도식이 생겨나는 것이지요. 왼손잡이도 이 도식에 적용되는 사람이 많은 것 같습니다.

여기에서 굉장히 흥미로운 점은 좌뇌와 우뇌의 균형이 사람마다 꽤 다르다는 사실입니다. 제가 지금 가르치고 있는 미대 학생들을 보면 분명 어려운 입시 관문을 뚫고 입학한 훌륭한 학생들인데도 도대체 무슨 말인지 의미 파악이 제대로 되지 않게 쓴 리포트를 제출하는 경우가 심심찮게 있습니다. 하지만 리포트 중간 중간에 삽입된 그림은 정말 소름이 끼칠 정도로 완벽합니다.

이는 전에 제가 가르쳤던 의대 학생들 역시 마찬가지였습니다. 입시 지옥을 뚫고 입학한 의대생들을 대상으로 해골 그림을 그리게 하면 무슨 그림인지 전혀 알아보지 못할 정도로 얼치기로 그리는 학생이 아주 많았습니다. 어느 쪽이든 뭔가 부족한 느낌이 듭니다. 전공별로 각기 다른 뇌를 구사하는 학생들을 애초 입학시험에서 선별하고 있음을 여실히 보여주고 있다고 할까요?

그런데 이와 흡사한 연구 결과가 최근 일본인 이비인후과 의사의 실험에서 밝혀졌습니다. 지금 말씀드린 바를 소리로 세밀하게 연구한 실험인데, 여기에서 민족 간의 차이라는 피할 수 없는 문제와 맞닥뜨리게 됩니다.

요약하자면 이렇습니다. 전류를 이용한 실험에서 언어음과 비언어음의 뇌 내 경로를 민족별로 비교해보았더니, 일본인은 자연의 소리를 좌뇌 즉, 언어 뇌로 듣고 있다는 결과가 나왔다고 합니다. 이는 서구인이 곤충의 울음소리를 일종의 잡음으로 인식해서 우뇌 즉, 음악 뇌로 받아들이는 것과는 대조적입니다. 예로부터 자연의 풍경을 말벗으로 바라봐 온 일본인의 생리를 처음으로 과학적으로 실증한 이 연구가 일러주는 바가 큽니다.

하지만 여전히 풀어야 할 숙제는 산더미처럼 쌓여 있습니다. 가장 시급한 문제는 오늘날의 사회 풍조상 하나에서부터 열까지 모든 것이 좌뇌로 편입되어 '일본인의 우뇌는 그저 들러리로 전락하지 않을까?' 하는 것입니다. 다만 이와 관련해서는 '언어 뇌, 즉 좌뇌만 따로 떼 내어 보더라도 상징어로 통하는 오래된 층위에 개념어로 통하는 새로운 층이 뒤덮여 있고, 역사적으로 새로운 개념어가 오래된 상징어를 장악하고 있다.'는 작업가설을 제시하는 선에서 이야기를 마무리 지어야 할 것 같습니다.

다시 주제로 돌아와서 그렇다면 다른 민족은 어떤 결과가 나왔는지 궁금하겠지요. 그래서 일본과 가장 가까운 한국인, 중국인을 대상으로 뇌의 생김새를 비교했더니, 예상과는 정반대로 일본인의 뇌 구조와는 전혀 다른 결과가 나왔습니다. 한국인의 뇌도 중국인의 뇌도 모두 서구인의 뇌와 가까웠다는 것이지요. 전 세계 민족을 몽땅 조사했더니 일본인의 뇌와 비슷한 뇌를 가진 곳은 하와이, 사모아, 통가, 뉴질랜드로, 그야말로 폴리네시아인과 아주 흡사했습니다.

이비인후과 의사의 논문에서 처음 '폴리네시아'라는 단어를 접했을 때 살짝 현기증을 느꼈습니다만, 지금 생각해보면 크게 충격받을 만한 일도 아닌 것 같습니다. 아마도 어느새 당연한 이야기로 받아들이고 있다는 뜻이겠지요. 요한 볼프강 폰 괴테(Johann Wolfgang von Goethe, 1749~1832)는 이것을 아주 절묘하게 표현했습니다. "오감은 틀리지 않는다. 틀리는 것은 판단이다!"라고요.

이렇게 강연 첫머리를 일단락 지었다. 이 이야기는 주위 친구들에게도 자주 말했는데, 며칠 전 한 친구가 참고할 만할 거라며 나에게 책 한 권을 건넸다. 책에는 일본 민속학의 기틀을 닦은 오리쿠치 시노부(折口信夫, 1887~1953)가 〈어머니의 나라로, 머나먼 나라로〉라는 제목으로 1920년에 발표한 논문이 실려 있었다. 그 가운데 다음 구절이 유독 내 눈을 사로잡았다.

10년 전 구마노(熊野)로 여행 가서 햇볕이 내리쬐는 한낮의 바다를 향해 삐죽 내민 곶인 다이오자키(大王崎) 맨끝에 섰을 때, 머나먼 뱃길 저편에 내 영혼의 고향이 있는 듯한 느낌을 강하게 받았다. 이를 한순간 시인인 체하는 감상으로 비하할 마음은 지금도 전혀 없다. 이것은 예로부터 조상의 가슴을 흔들어 온 향수(nostalgia)가 격세유전(atavism)으로 표출된 것 아닐까?

야자열매의 사소한 사건도 어쩌면 위와 같은 세계에 속한 것일지 모른다. 논문에 '격세유전(隔世遺傳, 조상의 체질이나 성질이 한 대나 여러 대 뒤의 자손에게 다시 나타나는 현상—옮긴이)'이라고 옮긴 '애터비즘'은 생물학 용어 'atavism'을 뜻한다. 이는 오늘날에도 아주 드물게 엉덩이에 꼬리가 달린 아기가 태어나듯, 머나먼 조상의 형상이 지금 눈앞에 나타난 유전을 지칭한다. 일본을 대표하는 민속학자의 가슴속에 자연과학의 실증적인 학술 용어를 애써 거론할 수밖에 없었던 그 무엇인가가 용솟음치고 있었으리라.
　결과적으로 '생명 기억의 회상'도 같은 맥락에서 생각할 수 있지 않을까? 자연과학에 몸을 담고 있는 한 사람으로서, 상징적인 개인 체험이 의미하는 바를 지금부터 소개할 몇몇 사건과 결부 지어서 다시 한 번 되짚어 보고자 한다.

비단길

얼마 전, 일본 고대 왕실의 보물 창고인 쇼소인(正倉院)의 유물을 특별 전시하는 '쇼소인 보물전'이 도쿄국립박물관을 시작으로 교토(京都)와 나라(奈良)에서도 꽤 오랫동안 개최되었다. 도쿄에서는 여름부터 가을에 걸쳐 전시회가 열렸다.

나는 아침 출근 시간마다 국립박물관 뒷담을 따라서 울창하게 우거진 나무들이 자아내는 녹음 길을 걸어가는데, 전시회가 거의 막바지에 다다랐을 무렵에는 내가 다니는 뒷담 길까지 관람객 행렬로 붐비는 날이 많았다. 한쪽에는 간에이지(寬永寺)의 묘지를 에워싸고 있는 옛 토담이 이어진, 평소에는 별로 인기가 없는 이곳에도 관람객들로 장사진을 이루었다. 그런 날이면 아침부터 차분한 술렁거림이 뒷담에서부터 옆담을 따라 큰길까지 새어 나왔다. 물론 유독 사람들이 많이 모이는 날을 예측하기란 쉽지 않지만, 대체로 날씨나 요일과 관련이 있지 않았을까 싶다. 아니 어쩌면 달력에 표시된 대길일과 일치하는지도 모른다.

그런데 이들 행렬과 몇 번 마주쳤을 때 나는 어딘지 묘한 분위기가 흐르고 있음을 피부로 느꼈다. 뭐라고 말로 표현하기는 어렵지만 모나리자 전시회 때와는 사뭇 분위기가 달랐다. 서로 양극단으로 나뉜다기보다는 물과 기름의 관계 같다고 말하는 편이 더 정확할지도 모르겠다. 꼬리에 꼬리를 문 두 행렬의 분위기가 이질감을 느끼게 했기 때문이다. 보물전이 열리던 상황을 떠올려보면 길게 늘어 서 있는 사람들의 눈빛이 저 멀리 향하고 있

는 듯했다. 분위기는 비 온 뒤 맑게 갠 하늘처럼 청명했다. 그와
는 반대로 모나리자 전시회 때는 사람들의 시선이 가까운 곳에
서 번쩍거렸다. 모나리자 전 앞 행렬은 패전 후 주둔군이 나눠주
는 물품을 배급받기 위해 끝없이 사람들이 늘어서 있던 광경을
연상시켰다.

  그즈음 가깝게 지내던 학생 하나가 여느 때와 달리 흥분된 표
정으로 방금 보물전을 보았다면서 이런 말을 덧붙였다. "선생님
께서도 꼭 보셔야 합니다. 오늘이 전시회 마지막 날이에요." 평
소 미술 관련 이야기를 거의 입에 올리지 않던 성악과 학생이 마
치 예방 접종을 추천하듯 나에게 전시회 관람을 재촉했다. 내 다
리는 누군가의 조종을 받는 것처럼 전시회장으로 향했다.

  전시회장 내부에는 무엇이든 한입에 집어삼킬 듯, 뜨거운 열
기가 소용돌이쳤다. 보통 전시회와는 달랐다. '역시 그랬구나!'
나는 전시실을 가득 메운 사람, 사람들의 넘칠 것 같은 시선 쪽
으로 빨려들었다. 전시실 내부에서는 수많은 사람을 밀치고 진
열대 앞으로 나아가는 식의 인위적인 움직임을 전혀 찾아볼 수
없었다. 오히려 한 사람 한 사람이 축제 대열 한가운데에서 도취
한 듯, 이 전시실에서 저 전시실로 이어지는 커다란 파도에 몸을
맡기고 있었다. 사람들의 시선은 수많은 머리 사이를 헤치고 어
슴푸레한 한줄기 빛에 비쳐 모습을 드러낸 유리 케이스 안에 쏠
려 있었지만, 그 눈빛은 전시품 너머 어딘가 먼 곳을 향하고 있
는 듯했다. 아침 출근길에 접했던 관람객들의 그윽한 눈빛이 무
엇을 의미하는지 조금씩 또렷해지는 것 같았다.

진열 케이스에 전시된 유물 가운데 어느 하나도 머나먼 서역 땅에서 이민족들이 가져온, 이국땅의 것이라는 느낌은 전혀 들지 않았다. 유물의 생김새가 그러했고, 색의 배합과 디자인이 그러했다. 모두 우리의 것이었다. 보물 하나하나가 조상의 손때가 묻어 깊은 광채를 뿜어내고 있었다.

　　예로부터 '피로 맺어진 혈연'이라는 말이 있다. 이는 어머니와 태아가 탯줄로 이어진 상태에서 그 표현의 기원을 찾을 수 있을 것이다. 좀 더 학문적으로 말하면 태아의 내장이 배꼽 구멍에서 얼굴을 내밀고 어머니의 자궁벽에 흡착한 모양을 떠올리면 된다. 아니, 엄밀하게 따지자면 이런 직접적인 흡착은 존재하지 않는다. 내장 대신에 혈관이 뻗어 나와서 그 혈관을 감싼 탯줄의 도움으로 자궁에 도달하고, 마침내 자궁벽 내부에 있는 '피의 연못'에 모세혈관의 뿌리를 내린다. 요컨대, 모태의 영양이 혈액을 매개로 태아의 몸까지 운반되는 것이다.

　　피로 맺어진 관계는 탯줄을 끊고 독립하고 나서도 크게 달라지지 않는다. 뒤에서도 소개하겠지만, 산모의 혈액은 유즙이 되어 이번에는 아기의 입을 통해 직접 흡수되고, 다시 유즙은 혈액으로 바뀌어 신생아 온몸 곳곳에 전파된다. '피가 되고 살이 된다'는 말은 이런 혈액의 참모습을 훌륭하게 포착한, 조상들의 예리한 직관이라고 할 수 있다. 그래서 생명의 근원에 맞닿은 문제와 직면했을 때 사람들이 항상 '피의 세계'를 거론하는 것이다.

　　전시실에 진열된 보물들 속에서 혈연관계를 확인하면서 나는 예전에 읽은 혈액형 관련 서적을 퍼뜩 생각해냈다. 책 본문에서는 A형, B형 등 네 가지 혈액형의 비율이 지역별로 특색을 띠고 있다는 사실을 화두로 삼으면서 이에 기초한 민족 간의 혈연관계를 도식화했다. 책 내용에 따르면 일본인은 단순히 '아시아인 형(型)'에 속하는 것은 아닌 듯하다. 물론 '유럽인 형'도 아니다. 아시아인과 유럽인의 중간에 위치한 '서아시아=동유럽인 형'과 가깝다고 한다. 즉 일본인은 이 지역의 혈액을 꽤 농후하게 받았다는 것이다.

　나는 그 구절을 읽는 순간 "뭐야, 당연한 이야기잖아!" 하고 중얼거렸다. 서아시아와 동유럽 지역은 전시회장 보물들의 이른바 탯줄 부착 부위로, 보물을 기르고 키워온 일종의 '태반 지대'

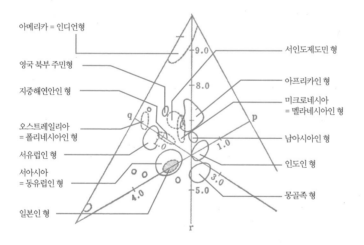

그림 1　혈청학적 위치에 따른 세계 민족의 분류
'일본인 형'이 '서아시아=동유럽인 형' 속에 완전히 포함되어 있다.

에 해당하는 성격을 갖추고 있지 않을까? 그러므로 서아시아나 동유럽 주민과 일본 주민의 혈액 문양 사이에 유사성이 있다는 것은 당연한 이야기다. 혈액에도 역시 고향이 있어야 할 테니까.

지금 생각해보면 야자열매 속의 액체를 빨대로 빨아올렸던 순간 내 눈빛은, 전시회장에 모인 사람들의 눈빛처럼 아득히 먼 곳을 향하고 있었음이 틀림없다. 그리고 진열대 속 보물에서 느껴지는 마치 고향과 같은 감촉은 입안에서 '쏴' 하고 퍼지는, 타인의 것이라고 전혀 생각할 수 없는 액체의 맛과 같은 세계의 것이라는 생각이 든다. '혈육'이란 바로 이런 느낌에 부여되는 단어일 것이다.

'그리움'이라는 것은 '지금 여기'에 '지난날의 저기'가 살포시 하나로 포개졌을 때 지극히 자연스럽게 솟구치는 감정이다. 인상 이미지와 회상 이미지가 오버랩되었을 때의 정감이라고 표현해도 무방하다. 그리움의 중첩은 '동시적 상기(想起)'에서 볼 수 있는 '상(想)', 이른바 불교에서 말하는 생멸(生滅)과 변화를 구성하는 다섯 요소인 오온(五蘊), 즉 색(色), 수(受), 상(想), 행(行), 식(識) 가운데 세 번째 '상'의 표출과 일맥상통한다. 덧붙이자면 '상'의 산스크리트어인 'samjñā'는 'sam' 즉 싱크로나이즈(synchronize)의 'syn(일치)'과 'jñā', 즉 'know(앎)'을 합성한 단어라고 한다.

'상'의 기능을 대뇌생리학의 표현을 빌려 말하자면, 전적으로 우뇌에서 유래하는 것이어야 한다. 외부로부터 받아들인 것과 이미 축적된 '어떤 것'이 일치되어 이 자리를 통해 의식으로 올라오는 것이다. 하지만 어떤 것의 정체는 확실하게 포착하기 어렵다. 단순히 '뭔가 닮았다'는 정도의 의식에 지나지 않는다. 야자열매의 액체와 진열 케이스의 보물을 '혈육의 것'이라고 직관하는 기능이다. 그리고 더는 '뭐라고 말하면 좋을지……'라는 표현 그대로, '말과 글을 능가하는' 의식 단계로 포착할 수밖에 없다.

이때 '어떤 것'에 명칭을 부여하는 것이 좌뇌의 기능이 아닐까? 우리가 '폴리네시아' 혹은 '서아시아＝동유럽인 형'이라고 부르는 것은, 완전히 하나가 되어 상기된 것이 좌뇌의 기능에 따라 또렷이 식별된 결과라고 볼 수 있다. 바로 이것은 불교의 오온 가운데 다섯 번째 요소인 '식(識)'의 기능이다. 덧붙이면 '식'의 산스크리트어인 'vijñāna'는 'vi' 즉 '둘로 나누다'와 앞에서 소개한 'jñā'의 합성어라고 한다. '식'의 분별 정도에 따라 상징어에서 개념어까지 모든 단계의 언어가 탄생하는 것이다.

결국, 생명 기억의 회상이 바로 대뇌의 기능을 연구하는 대뇌생리학으로 통하지 않을까? 다른 나라 땅에서 고향을 그리워하는 일도, '정붙일 데 없는 나그네의 마음'이라는 표현도 모두 이런 인간의 독특한 기능의 표출이라고 볼 수 있으리라.

귀로(歸路)와 관련해, 일본인의 몸속에는 다음 두 곡의 가곡이 DNA의 이중나선처럼 서로 꼬여 흐르고 있다.

달빛 사막을 저 멀리 저 멀리 여행하는 낙타가 지나갔습니다……. (〈달의 사막〉 노래 가사에서)

이름도 모르는 아득히 먼 섬에서 흘러 흘러 온 야자열매 하나……. (〈야자열매〉 노래 가사에서)

일본인이라면 두 노래의 가사와 가락을 어릴 때부터 문득 마음에 떠올리거나, 입으로 흥얼거린 적 있을 것이다. 더욱이 노래를 부를 때마다 말로 표현하기 힘든 감회에 젖게 된다.

신기하게도 두 노래를 나란히 놓고 보면 절묘한 대비를 찾을 수 있다. 먼저 〈달의 사막〉이 음(陰)의 멜로디라면, 〈야자열매〉는 양(陽)의 멜로디다. 두 곡 모두 애절한 상념을 호소하면서도 단조와 장조라는 점에서 다르고, 전자의 노래에서는 주기적으로 반복 진행되는 박자의 리듬이 느껴지는 반면 후자의 노래에서는 박절이 전혀 느껴지지 않는다. 노래 가사는 좀 더 또렷이 대조된다. 한쪽의 무대가 달빛을 뒤집어쓴 사막이라면 다른 한쪽의 무대는 눈부신 석양의 대해원이다. 육지와 바다의 명료한 대비가 달빛의 차가움과 햇빛의 따스함을 아우르며 선명하게 존재한다. 그리고 노래 무대에 등장하는 주인공은 낙타와 야자열매로, 낙타는 먼 곳으로 나아가고 야자열매는 먼 섬에서 흘러들어 와서 동물과 식물의 대조적인 모습을 돋보이게 한다. 이렇게 두 생물이 하나는 등 육봉에, 다른 하나는 껍데기 안에 물을 담고서 수천 리 길을 여행하는 것이다.

독일의 지리학자인 페르디난트 폰 리히트호펜(Ferdinand von Richthofen, 1833~1905)은 전자를 '자이덴 슈트라세(Seidenstraße)' 즉 '비단길'이라고 이름 지었고, 일본 민속학의 창시자인 야나기타 구니오(柳田國男, 1875~1962)는 후자를 '해상의 길' '바닷길'이라고 불렀다. 예로부터 일본에서 '먼 바닷길'이라고 불러온 바로 그것이다.

귀향의 생리

〈달의 사막〉과 〈야자열매〉, 두 가곡에서 내가 찾아낸 선명한 대비를 듣고 말도 안 되는 억지 논리라며 비웃을지도 모른다. 하지만 나는 그렇게 생각하지 않는다. 어쩌면 이들 배합 속에 우주를 지탱하는 극성(極星) 원리가 숨어 있을지도 모르기 때문이다. 실은 우리 몸속에도 이와 유사한 극성 배합이 교묘하게 모습이 바뀌어 들어 있는 것 같다. 아니 인간을 포함해 모든 동물의 몸에서 두 가곡으로 상징되는 치밀한 극성 구조를 찾아낼 수 있는 것은 아닐까?

그럼 여기에서 잠시 샛길로 빠져서 몸의 '성립 구조'를 살펴보기로 하자. 지구에는 아메바에서부터 인간까지 수많은 동물이 서식하고 있는데, 이들 몸에는 공통으로 감각-운동을 관장하는 기관계와 영양-생식을 관장하는 기관계가 있다. 감각-운동 기관계는 혼자 힘으로 자기 몸을 양육하지 못하는 동물들이 궁여지책으로 몸에 갖추고 있는 기관으로 '동물성 기관'이라고도 부른다. 반면에 영양-생식 기관계는 생물이 본래 타고난 생명 활동을 담당하는 기관으로 식물의 몸속에서 순수한 형태로 관찰된

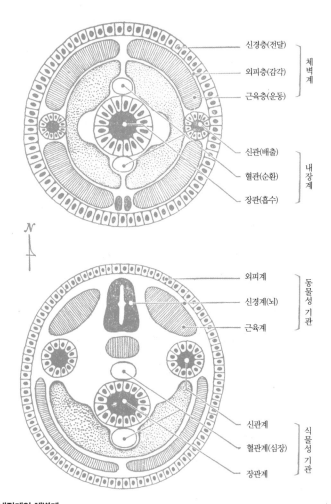

신경층(전달) ┐
외피층(감각) ├ 체벽계
근육층(운동) ┘

신관(배출) ┐
혈관(순환) ├ 내장계
장관(흡수) ┘

N

외피계 ┐
신경계(뇌) ├ 동물성기관
근육계 ┘

신관계 ┐
혈관계(심장) ├ 식물성기관
장관계 ┘

그림 2 내장계와 체벽계

그림 위쪽 무척추동물의 기본형에서 체벽계는 3층 구조를 띠며 구심적인 배열을 나타내고, 내장계는 장관(腸管)을 중심으로 혈관, 신관(腎管)을 등과 배, 왼쪽과 오른쪽으로 따르는 형태를 볼 수 있다. 이 상하좌우의 대칭 구조가 그림 아래의 척추동물의 기본형에서는 크게 변모해서, 체벽계의 주요 구조는 모두 등 쪽으로, 내장계의 주요 구조는 배 쪽으로 모인다. 이때 장관과 혈관은 서로 나선을 그리며 분화 및 증식하기 때문에 결과적으로 두드러진 좌우 비대칭의 구조를 관찰할 수 있다.

다는 점에서 '식물성 기관'이라고도 부른다.

또한 전자의 동물계는 몸의 외벽을 이루기 때문에 '체벽계'라고 부르고, 그 중추에 뇌와 신경계가 위치한다. 후자의 식물계는 몸의 내부에 자리 잡고 있기 때문에 '내장계'라고 부르고, 그 중심에 심장과 혈관계가 위치한다.

[그림 2]는 내장계와 체벽계의 단면을 평면에 옮겨 그린 그림으로, 두 기관계의 중심이 각각 등과 배로 분극화하는 모습을 관찰할 수 있다. 우리는 먼저 이 그림에서 '위와 아래', 그리고 '오른쪽과 왼쪽'에 극성을 부여한다. 그다음 지구라는 행성이 갖춘 방향성으로 '북과 남' '동과 서'를 그림에 추가할 수 있다. 말하자면 [그림 2]에 그려진 몸의 평면 투영도를 하나의 지도로 조망하려는 것이다.

좀 더 자잘한 내용은 다음 기회에 더 알아보겠지만, 결론부터 말하자면 '북방'과 '남방'의 성격에 비로소 생물학적인 극성이 부여되었다. 전자인 '북방'에는 중심을 등 쪽으로 삼는 체벽계의 성격을, 후자인 '남방'에는 중심을 배 쪽으로 삼는 내장계의 성격을 각각 붙여주려고 한다. 따라서 전자는 '두뇌'가 가진 냉정함의 세계가, 후자는 '심장'이 가진 열정의 세계가 어울릴 것이다. 이렇게 보면 〈달의 사막〉과 〈야자열매〉, 두 가곡에서 찾아낸 '쌍극의 세계'가 우리 몸속에도 자연스럽게 새겨진 셈이다. 요컨대 이와 같은 극성 배합이 인간의 육체를 극과 극에서 지탱하는 것이다.

그럼 이번에는 일본 열도를 조망해보자. 등에는 거대한 유라시아 대륙을 짊어지고 있고, 뒤로 젖힌 배로는 드넓은 태평양의 해원을 품고 있다. 이 육지와 바다 사이에 위치한 호상열도(弧狀列島)의 '혈연'을 지금 서술한 내용과 결부 지어서 재조명한다면 어떤 역사 지도를 그릴 수 있을까? 분명 북방의 대륙 덩어리와 남방의 해양 지역에 각각 태반 지대를 갖추고 양쪽에서 뻗어 나온 크고 작은 각종 탯줄이 열도의 등 또는 배 양면에 부착된 그림을 떠올릴 수 있을 것이다.

일본은 19세기 후반 메이지 시대(1868~1912, 메이지 유신 이후 메이지 천황이 통치한 약 44년의 기간—옮긴이)에 들어서면서부터 자연인류학 및 문화인류학 분야에서 민족의 이동 경로를 끊임없이 연구해왔다. 그 결과 비단길의 존재를 두 발로 확인하는 한편, 바닷길의 존재를 예리한 후각으로 구분하게 되었다. 더욱이 앞에서 소개했듯이 근대 의학의 혈액학과 신경학의 방법을 구사해 북방과 남방의 혈연 지역을 선별해낸 것이다. '서아시아=동유럽인형'이나 '폴리네시아'가 바로 그 예다.

지금 나는 이들 문제를 비판할 만한 아무런 자료도 갖고 있지 않다. 그렇지만 '과연 이것이 정답일까?' 하는 의구심을 품은 것이 사실이다. 예를 들면 동아시아 특히 동남아시아 일대가 쏙 빠져 있다. 다른 조사 방법에서는 당연히 조엽수림 지대가 등장하기 때문에 보충할 수는 있겠지만, 그보다 애초 이렇게 북방과 남방을 나누는 것 자체에는 문제가 없을까?

이미 태반 형성 단계에서 혼혈이 이미 끝나 있었다면 도대체 어떻게 설명할 것인가? 바다와 육지를 넘나드는 선사 시대 조상의 이동 능력은 문명의 이기 탓에 마비된 현대인의 감각-운동 능력을 훨씬 능가하고 있다는 이야기인가! 이주 자체에 대한 견해는 과연 어디까지 믿을 수 있을까? 질문은 꼬리에 꼬리를 물고 이어진다.

하지만 우리의 몸속에는 이런 여러 문제를 녹일 만한 생명의 불꽃이 불타오르고 있다. 생명의 불꽃은 야자나무 열매와 전시회 유물에서 본 '피의 형상'을 매개로, 어느 날 갑자기 점화되고, 나아가 두 가곡의 극성 배합이 생명의 불꽃에 기름을 끼얹었다.

역시 일본의 지세가 나타내듯이, 일본 열도는 북쪽과 남쪽의 영향을 양방향으로 모두 받고 있는 것은 아닐까? 폭염의 도래로 인해, 혹은 강추위의 엄습으로 인해 누구는 산으로, 또 다른 누구는 바다로 내모는 것도 근원을 따져보면, 예로부터 일본인을 북방과 남방의 양쪽 형질로 구분해온, 조상 대대로 전해진 '혈맥'이 일궈낸 노하우인지도 모른다.

극성 구조의 뿌리는 깊다. 그도 그럴 것이, 극성과 유사한 것이 우리의 몸속에 갖추어져 있다기보다는 우리의 몸이 스스로 애초에 극성을 체득하고 있었기 때문이다. 이것이야말로 생명 기억, 그 자체가 아닐까?

최근 갑작스럽게 가속화된 실크로드의 역(逆) 탐험이나 일본 남쪽 섬에서 원시적인 나무배를 타고 구로시오(黑潮) 해류를 더듬어가는 거사와 같은, 민족의 기원을 샅샅이 파헤치는 행위는 모두 생명 기억의 회상을 현실 세계에 그대로 옮겨놓은 것이리라. 물론 이때 의식의 유무는 전혀 문제가 되지 않는다.

나는 이와 같은 인간의 행위를 '생명적인 귀향'이라고 부른다. 이를 자신이 태어난 땅을 발바닥으로 확인하고 싶어 하는, 생명에 기인한 본능적인 행위라고 말할 수 있을 것이다. 일본 열도의 혼혈은 이미 상상을 초월할 정도로 많이 진행되었다. 따라서 장소가 북방이든, 남방이든, 혹은 양방향이든 어느 쪽이라도 좋다. 우리의 몸속에서 때때로 고대의 피가 시끌벅적 들끓기 시작해, 마치 그 소란에 이끌리듯이 끝없이 흘러간다. 단지 이것으로 충분하지 않을까?

남쪽 지방에 서식하는 연어의 코를 보면 구부정 굽은 모습을 관찰할 수 있다. 연말연시 선물용 상자 속에서 눈을 부라리고 있는 연어의 얼굴은 섬뜩하기까지 하다. 그들은 조상 대대로 수십만 대, 수백만 대에 걸쳐 매년 끊임없이 고향인 모천(母川)으로 거슬러 올라갔을 것이다. 바위를 깨부수는 거친 물살을 거스르며 죽음을 무릅쓰고 코를 구부리면서도 죽음의 여정을 멈추지 않는다. 이와 같은 '불굴의 의지'는 도대체 어디에서 왔을까? 꺾어진 코의 형상은 대대로 이어나가는 동안에 마침내 종(種)의 형상으로 고정되었다.

연어가 목숨을 걸고 고향으로 돌아가는 이유는 오직 다음 세대를 만들기 위함이다. 난소와 정소가 터질 듯이 성숙한 암컷, 수컷 한 쌍이 식음을 전폐하고 태어난 고향의 강바닥까지 거슬러 올라간다. 여정 도중에 새로운 댐이 생겨도 전혀 문제가 되지 않는다. 단지 뛰어넘고 올라갈 뿐이다. 곳곳에서 곰이 도사리고 있고, 인간이 호시탐탐 연어를 노린다. 단지 포식자의 손아귀에서 도망칠 따름이다. 가까스로 고향의 강바닥에 도달했을 때, 바로 그 극한 상태에서 성(性) 물질이 방출된다.

도대체 이 에너지는 어디에서 나올까? 앞에서 '불굴의 의지'라고 표현했지만 물론 동물에게는 의지가 없다. 있는 것은 본능적인 충동뿐이다. 그렇다면 충동의 근원은 무엇일까? 현대의 생리학으로는 설명할 수 없는 것들이 너무나 많다. 따라서 여기에서는 '생자기(生磁氣)'와 같은 것이 연어를 끌어당기고 있다는 정도에서 이야기를 마무리하고자 한다.

바로 이것이 귀향의 생리에 얽힌 대강의 줄거리다. 가만히 생각해보면 우리 인간도 비슷한 것 같다. 때가 되면 사람들은 저마다 고향으로 되돌아간다. 명절 때는 어김없이 고향을 찾는 사람들로 고속도로가 몸살을 앓을 정도다. 연어와 같은 '생명의 행위' 아닐까?

'민족의 귀향'도 그 본심은 이와 매한가지일 것이다. 민족의 귀향에서는 눈에 보이지 않는 세대교체의 큰 물결을 타고 대하와 같은 순례 여행이 펼쳐진다. 설령 그것이 피로 얼룩진 연어의 회귀 모습을 빼닮았다고 하더라도. 그 부정을 씻는 목욕재계에 따라 비로소 민족의 '생명'이 건재한 것은 아닐까?

제2장
모유의 맛

모유와 현미

요즘 젊은 엄마들을 보면 아기에게 모유 대신 우유를 먹이는 일이 많은 것 같다. 고대부터 이어져 내려온 '밀크 문화'와는 차원이 다른 '밀크 포육(哺育)'의 세계에서는 말하자면 소가 유모가되는 셈이다. 이는 서구에서 볼 수 있는 자녀 양육상의 혁명적인사건인데, 곰곰이 생각해보면 서구 여성의 젖샘 조직에 퇴행의발소리가 가까이 다가오고 있음을 대변해주는 안타까운 사건이기도 한다. 그런 의미에서 가슴에 봉긋 솟아오른 두 반구는 '모성의 형상'을 사수하는 젖줄이 아닌, 지방 조직의 마지막 봉기라고 해야 할까? 미용을 위한 수유 거부로 인해 자연사적인 비극의 그림자마저 드리워지는 셈이다.

서구 여러 나라의 아기들은 포유기를 넘기고도 소젖을 일상음료수로 즐겨 마시는데, 우유를 향한 각별한 애정은 모유 수유를 하는 아이들에게까지 광범위하게 전파되다 못해 급기야 성인의 식생활까지 잠식했다. 모든 과자류에 우유를 넣고, 빵 대부분을 유제품으로 만드는 식생활 형태는 이들 나라의 사정을 단적으로 대변해준다. 이는 낙농업이라는 거대 산업까지 낳았다.

그렇다면 일본인의 혀는 어떨까? 많은 사람이 이미 유제품의 맛에 익숙해진 것은 아닐까? 오늘날 '우유의 맛'이라고 하면 누구나 바로 어떤 맛인지 떠올릴 수 있다. 그런 의미에서 일본인의 구강 점막은 초식동물이 분비하는 크림의 박막(薄膜)으로 완전히 뒤덮여 있다고 말해도 과언이 아니다. 이는 이유기의 지연 현상인가, 아니면 식생활에서 나타나는 일종의 태아화 경향인가? 어느 쪽이든 동물의 세계에서는 결코 볼 수 없는 사례다.

결과적으로 오늘날에는 '젖의 맛'이라고 하면 우유를 먼저 연상하지, 모유를 떠올리는 일은 거의 없는 듯하다. 어쩌면 가축의 체취가 모유에 대한 추억을 깡그리 앗아갔는지도 모른다. 모유의 맛, 어머니의 품에 안겨 풍만한 가슴에 얼굴을 파묻고 하염없이 쭉쭉 빨아 먹던 '엄마 젖'은 어떤 맛이었을까?

새삼 이런 질문을 던져도 그 맛을 떠올릴 수 있는 사람은 없을 것이다. 설령 크림이 구강 점막을 장악하지 않았다 하더라도, 모유의 맛이 세월과 함께 머나먼 추억의 저편으로 사라져가는 것은 자연스러운 일이다. 고향을 그리워하며 두 다리로 직접 찾아가듯이, 엄마 젖의 맛을 애타게 그리워한다는 이야기는 한 번도 들어본 적이 없다. 만약에 성적인 애무가 젖먹이 시절에 빨았던 고무젖꼭지에 대한 보상이라 하더라도 이는 어디까지나 허상에 불과하다.

지금 여기에서 이런 문제를 거론하는 이유는 모유의 맛을 떠올리게 한, 일기일회라고 할 만한 사건이 나에게 찾아왔기 때문이다. 아니, 기분 좋게 찾아왔다기보다는 억지로 그 자리에 세워진, 궁지에 몰렸다는 쪽이 더 정확한 표현일 것이다. 이는 야자열매 사건 이후 2~3년쯤 지난 뒤 경험한, 말 그대로 하나의 대사건이다.

　'눈에서 비늘이 떨어지다(The scales fall from one's eyes)'라는 표현이 있다. 이는 성경의 한 구절인데 '눈에 붙어서 시력 장애를 초래하던 비늘이 떨어지듯이' 지금까지 몰랐던 사실을 갑자기 알게 되다, 눈이 확 트인다는 의미로 자주 쓰인다. 이처럼 '눈에 붙은 비늘'이라는 말은 있지만, '혀에 붙은 비늘'이라는 말은 한 번도 들어본 적이 없다.

　실제로 미각과 시각의 발달을 비교하면 자릿수에서 차이가 날 만큼 미각의 역사가 훨씬 유구하다. 척추동물의 자연사 관점에서 보더라도 미각과 시각 사이에는 수억 년이라는 세월의 차이가 난다. 따라서 미각에 어떤 변화가 생겨도 '눈에서 비늘이 떨어질 상태'에는 물론 미치지 못할 것이다.

　하지만 당시 상황을 떠올려보면 야자즙도, 모유도 이들 맛에 얽힌 사건은 '혀의 비늘'이 떨어져 나가는 상황을 전제로 하지 않고서는 설명할 길이 없을 것 같다. 그도 그럴 것이 그즈음 나는 식생활에서 엄청난 변화를 실감했기 때문이다. 먹을거리의 영향은 참으로 무시무시한데, 그런 의미에서는 하나의 혁명이라고 불러도 좋으리라.

야자열매 사건이 일어나기 2~3년 전, 우리 집의 주식은 아무런 예고도 없이 어느 날 갑자기 백미에서 현미로 바뀌었다. 지금도 또렷이 기억나는 어느 저녁 식사 시간의 일이다. 친하게 지내는 지인이 젖이 잘 나올 거라며 아내에게 현미를 추천했다고 한다. 그때 아내의 배 속에는 딸아이가 있었다.

나는 그 말을 듣는 순간 눈앞의 현미보다 배 속의 생명을 향한 모성 본능에 온통 마음이 쏠렸다. '정말 현미가 좋을지도 모르지…….' 하며 태어나서 처음으로 식탁에서 현미를 맛보았다. '세상에는 이런 맛도 있구나!' 지금도 확실히 기억나는 현미의 첫인상은 맛있지도 그렇다고 맛없지도 않은, 왠지 맥이 빠진 느낌이었다.

괜히 내가 가장임을 내세우며 현미를 먹지 말자고 굳이 반대할 이유는 없었다. 현미 사건은 그렇게 별일 없이 지나가는 줄 알았다. 그런데 주식을 바꾼 계기로 우리 집의 먹을거리 종류가 확 바뀌었다. 우선 소고기 맛이 반감했고, 돼지고기를 먹으면 두드러기가 났다. 닭고기는 아무렇지도 않았다. 생선은 그럭저럭 무난하다는 느낌이었고, 오징어나 문어, 그리고 새우나 게도 그런대로 괜찮았다.

한편 된장, 두부, 된장국 등에 들어가는 콩 맛은 예사롭지 않았다. 특히 그저 그랬던 참깨가 생명의 구원줄로 보였고 채소 가게에 진열된 고사리와 미역에서 후광이 비쳤다. 주식이 바뀌자 부식에 대한 기호가 하루아침에 덩달아 바뀐 것이다. 따라서 허연 비계로 둘러싸인 소고기 덩어리의 그램 수에 기쁨과 슬픔이 교차하는 모습은 자연스레 사라졌고, 대신 고사리의 떫은맛을 빼기 위해 헛간 바닥에서 쪼그리고 있는 진풍경이 연출되었다. 전혀 상상도 하지 못한 일이었지만, 어느새 식탁 풍경도 도시풍에서 시골풍으로, 눈빛도 육식동물에서 초식동물로 바뀌었다.

지금 생각해보면 이는 아주 단순명쾌한 결과다. 생물 계통수 (系統樹, 생물의 진화 과정을 나무의 줄기와 가지로 나타낸 그림—옮긴이)의 맨 끄트머리를 따라 인류가 등장하는 영장류 가지에서 부식 선택이 차츰 멀어져 가는 것이다. 우선 짐승의 고기에 해당하는 포유류 가지에서 조류의 고기에 해당하는 조류, 파충류 가지를 거쳐 생선에 해당하는 어류 가지로, 더욱이 척추동물에서 오징어나 새우 등의 무척추동물로, 그리고 마침내 동물계에서 식물계로 훌쩍 뛰어넘어 근대 식물에 해당하는 콩에서 고대 식물인 고사리, 미역까지!

이렇게 현미의 맛은 우리가 원하든 원하지 않든, 부식을 다시 선별할 것을 강요했다. 그 선택이란, 인간과 계통적으로 멀리 떨어져 있는 식물계의 단백질을 선택하고, 자기 자신과 가까운 척추동물문의 단백질은 될 수 있으면 피하는 것이다. 지구 생태계 관점에서 본다면 이것이야말로 동물 본래의 먹을거리 형태라고 말할 수 있지 않을까? 결과적으로 현미밥은 두껍고 둔중한 내 혀의 비늘을 벗겨내고, 혀 점막의 감각을 원초적인 모습으로 되돌려 놓았다.

이러한 문제를 처음으로 제기한 것이 야자열매 사건이 아니었을까 싶다. 그리고 지금부터 소개할 모유 이야기는 그 문제를 재확인한 사건이었다고 확신한다. 사연인즉, 둘째 아들이 태어난 지 얼마 되지 않았을 때의 일이다. 아이가 우리 부부에게 받은 면역 항체가 고갈되었는지 어느 날 갑자기 고열이 나면서 전혀 젖을 빨 수 없게 되면서부터 벌어진 사건이었다. 당연히 아내의 가슴은 무시무시하게 부풀어 올라 유즙기도 무서워서 도망갈 정도였다. 어쩔 수 없이 소아과 의사 친구에게 사정을 털어놓자, 성난 젖은 남편이 빨아야 한다는 대답이 돌아왔다.

"뭐라고?"

물론 내 몸은 그 처방전을 거부했다. 이는 충분히 이해받을 수 있는 대목이리라. 포유동물 수컷이 수유 중인 암컷에게 접근해서, 더욱이 젖먹이 행위에 직접 개입하는 광경을 상상이나 해보았겠는가? 하지만 모성은 더할 나위 없이 크고 강하다. 남성의 미혹함 따위는 단박에 무시된다. 이것이 심해어 수컷 아귀의 작고 초라한 운명이란 말인가!

"빨아!"

이것은 이미 지상명령이나 다름없었다. 얼마 전 텔레비전으로 본 프랑스 영화에 주인공이 번쩍번쩍 빛나는 단두대에 걸린 장면이 나왔다. 그 장면이 나오기 바로 직전, 커다란 재단용 가위가 빳빳한 새 와이셔츠의 새하얀 옷깃을 싹둑싹둑 자르는 장면이 화면에 비쳤다. 어찌 된 영문인지 아직도 그때 그 상황과 최근에 본 프랑스 영화의 한 장면이 하나로 포개진다. 모유 사건은 내 인생에서 어쩌면 가장 생명적인 사건 가운데 하나가 아니었을까 싶다.

하지만 내 마음의 동요는 액체가 내 입에 들어온 순간 완전히 사라졌다. 이는 순식간의 일이었다. 어렴풋이 체온보다 낮은 그 무엇이 입 안으로 쓱 빨려 들어왔다. 여기에는 예상했던 맛도, 향도 없다. 그저 몸의 원형질 속으로 녹아 들어가듯이 신비로운 감촉만 있을 뿐이다. 도대체 어떻게 이런 액체가 세상에 존재한단 말인가?

그 순간 바로 의식이 되돌아왔다. 날쌘 짐승처럼 몸을 번드쳐서 스테인리스 설거지대로 가 상당량의 타액을 조용히 게워냈다. 그렇다고 생명을 소중히 여기는 마음을 놓친 것은 아니다.

'삼켜서는 안 된다. 결코 삼켜서는 안 된다!'

내 일부와 같은 액체이지만 절대 그것을 받아들이려 하지 않는 내가 거기에 있다는 사실을 또렷이 의식했다. 내 몸은 촌각의 타협도 허용하지 않았다. 그도 그럴 것이 생명의 흐름을 역행하는 것은 바꿔 말하면 자신의 생명을 저버리는 일과 똑같으니까…….

포유동물의 역사

동물의 포유 행위를 거슬러 올라가면 2억 년에 달하는 자연사를 만날 수 있다. 이는 척추동물의 역사에서 가장 참신하면서도 가장 마음이 훈훈해지는 풍경 가운데 하나일 것이다.

그럼 여기에서 오늘날의 고생물학이 가르쳐주는, 5억 년에 걸친 척추동물의 자연사를 잠시 펼쳐보고자 한다. 분명 일본의 고전 가면 악극인 노가쿠(能樂)의 세 단계 구성 형식으로 널리 알려진 '조(序)-하(破)-규(急)', 즉 서론-본론-결론을 떠올리게 하는 세 단계의 구분을 접할 수 있다.

맨 처음 시작을 알리는 '조'는 고생대의 '어류 시대'를 가리킨다. 태곳적 바다에 모습을 드러낸 원시 어류는 오늘날의 물고기와 달리 지느러미가 없고 음식을 씹어 먹는 턱이 없었기 때문에 무악(無顎) 어류라고 부른다. 열려 있는 둥근 입 모양에서 따온 원구류(圓口類)라는 이름도 갖고 있다. 오늘날 칠성장어의 먼 조상으로 여겨진다. 이 원시 척추동물은 1억 년의 세월을 거쳐 제대로 된 턱과 가슴, 배에 지느러미를 갖춘 어류로 당당히 진화했는데, 고생대의 거의 막바지 무렵 이 가운데 일부는 바다와 육지에 모두 적응한 양서류로 변모했다. 바로 이것이 뒤에서 소개할 '척추동물의 상륙' 이야기로, 척추동물의 진화 역사 가운데 가장 극적인 부분이다.

그다음 본론에 해당하는 '하'는 중생대의 '파충류 시대'를 지칭한다. 이미 고생대 말기부터 나타난 고대 녹지는 최초의 양치식물에서 은행나무, 침엽수의 겉씨식물로 옷을 갈아입었는데, 울창한 나무숲과 사계절 내내 따스한 기름진 땅에서 공룡은 세상의 봄을 누렸을 것이다. 이는 척추동물의 역사상 가장 안정된, 이른바 '클래식'이라고 불릴 만한 시대였다.

마지막을 고하는 '규'는 지금 본문에서 화두로 삼고 있는, 신생대의 '포유류 시대'를 의미한다. 이미 중생대 초부터 모습을 드러낸 포유류는 공룡 사회의 틈바구니에서 가까스로 명맥을 유지했다. 그러다 중생대의 붕괴와 함께 파충류를 대신하여 하루 아침에 주인공으로 등극, 폭발적인 번영을 누리게 된다. 신생대와 함께 찾아온 포유류의 시대는 알프스 조산운동으로 불리는 거대한 지각 변동의 영향으로 전환점을 맞이했다.

지구의 지붕인 히말라야, 알프스 산맥 및 태평양을 잇는 호상 열도를 탄생시킨 지각 대변동은 비교적 평온한 기후에 커다란 회오리바람을 몰고 왔다. 살을 에는 듯한 추운 겨울과 찜통더위로 대변되는 무더운 여름이 찾아온 것이다. 이와 같은 급격한 기온 변화, 특히 강추위에 훌륭하게 적응한 생명체가 신생대의 생물들인데, 그들은 다음 세대의 생명인 '배(胚)'를 보호하기 위해 특별한 옷으로 배를 꽁꽁 에워쌌다.

결과적으로 식물의 세계에서는 겉씨식물에서 속씨식물로, 동물의 세계에서는 난생동물에서 태생동물로 주인공이 교체되어서, 식물의 경우 잎이 분화한 '심피(心皮)' 옷으로, 동물의 경우 배출관이 분화한 '자궁' 주머니로 각각 배를 감쌌다. 이때 동물의 태아와 자궁내막 사이에 '피의 연결'이 생겨났다. 게다가 냉혈(冷血)이 아닌 온혈(溫血)이다. 바로 이것은 어머니의 몸속에 신생대의 가혹한 환경으로부터 완전히 격리된 하나의 생명 공간, 즉 모태가 자리 잡았다는 사실을 의미하는데, 우리 포유류는 이렇게 해서 발전을 거듭했다.

한편 태생동물 앞에도 넘어야 할 장애물이 있었다. 아무래도 태내에서의 성장에는 무리가 따르기 때문에 어머니 배 속에서 조속히 빠져나와야 한다. 이런 양상은 포유류의 조상인 '유대류(有袋類)'에서 그 본보기를 찾을 수 있다. 아직 새끼손가락의 끝마디에도 미치지 않는 갓 난 새끼가 항문과 요도, 산도를 겸한 복합 배설구에서 기어 나와서 아랫배를 기어 올라가 복벽의 주름으로 이루어진 육아낭(育兒囊), 즉 새끼주머니에 쏙 들어간 다음, 젖꼭지 하나에 의지하며 쑥쑥 자라난다. 마치 탯줄을 통해 태아가 자라나듯이! 스위스의 동물학자인 아돌프 포르트만(Adolf Portmann, 1897~1982)은 이를 가리켜 '생리적 조산(早産)'이라고 했다. 이런 악조건을 보충하는 것이 바로 젖꼭지를 갖춘 육아낭이라는 장치다.

　오리너구리는 유대류의 조상으로 간주하는데, 앞에서 소개한 복합 배설구를 통해 새끼가 아닌 누에콩 크기의 알을 낳는다. 이 알을 복벽 주름 사이에 끼워 부화시키고 복벽 밑바닥에서 '젖의 땀'을 흘려서 이를 핥아 먹게 한다. 이처럼 젖샘의 기원을 거

 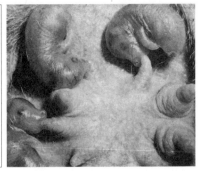

그림 3　유대류
캥거루의 출산과 주머니쥐의 새끼주머니 내부(Parker).

슬러 올라가면 땀샘에 이른다. 땀샘은 여름의 방열(放熱) 장치로, 겨울의 방한(防寒) 장치인 털가죽과 함께 피부의 일부로 알려졌다. 또한 땀샘은 콩팥의 보조 기관으로, 피부를 통해서 혈액을 여과하는 기관으로도 일컬어진다. 요컨대 유즙은 혈액과 밀접한 관계를 맺고 있으며, 이는 모태에서 '피로 맺어진 혈연'이 출산 후에도 모유 수유라는 형태로 유지된다는 것을 우리에게 가르쳐 주는 것이다.

악어의 입을 보면, 잇몸에 심어진 치열이 그대로 노출되어 있다. 반면에 포유류의 경우, 입술에서부터 뺨에 이르는 근육 구조가 입의 찢어진 부분을 제외하고 치열을 꼼꼼히 덮어 가린다. 만약 이렇게 덮지 않으면 치아 틈새에서 젖이 새어 나올 것이다.

따라서 모유 수유는 '뺨·입술'과 '젖샘'으로 이루어지고, 젖을 먹일 때 이들 기관은 중요한 임무를 맡는다. 얼굴 근육은 뺨과 입술에서 더 나아가 눈꺼풀, 콧방울, 귓불까지 퍼져 있고, 얼굴에 있는 구멍인 영양문(門)과 감각문(門)의 개폐에 관여하는데, 얼굴 근육이 어류 시절 아가미구멍(새공, 鰓孔)의 열고 닫힘을 담당하던 아가미장(새장, 鰓腸) 근육에서 왔다는 사실은 널리 알려진 바와 같다.

[그림 4]에서 볼 수 있듯이, 아가미장은 물고기 소화관의 앞쪽 끝 부분 즉, 입에서 다섯 가지 아가미구멍까지의 영역을 말하고, 아슬아슬하게 외부로 노출되어 있다. 이것을 '장관의 전단(前端) 노출부'라고 부른다. 이른바 힘이 넘친 장관의 통(筒)이 체벽의 통에서 앞으로 몸을 쑥 내민 부분으로, 이는 몸 앞쪽에 생긴

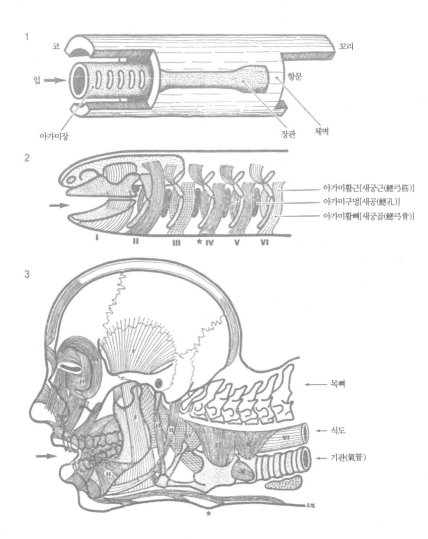

1

코   꼬리

입 →

항문

아가미장   장관   체벽

2

아가미활근[새궁근(鰓弓筋)]
아가미구멍[새공(鰓孔)]
아가미활뼈[새궁골(鰓弓骨)]

I   II   III   ★ IV   V   VI

3

목뼈

식도

기관(氣管)

그림 4 아가미 근육

1은 내장계와 체벽계를 안팎의 두 가지 통으로 나타낸 그림. 내통(內筒)은 소화관으로 대표된다. 2는 내통 앞쪽 끝부분의 아가미장벽의 규칙적인 마디 구조를, 3은 이 부위의 인간 변형(Metamorphose)을 각각 나타낸다. 입에서부터 목에 걸친 영역이 물고기의 아가미에 해당한다.

일종의 '탈항(脫肛) 구조'라고도 해석할 수 있다. 따라서 이 부위는 피부 감각이 아닌, 그보다 훨씬 생명적인 내장 감각의 지배를 받는 '장관(腸管)의 촉수'가 된다.

이쯤 되면, 포유동물의 새끼가 어미의 젖을 빠는 그림은 애초 장관인 입에서부터 피부를 통과해 어미의 혈액을 걸러내는 장면이라고 말할 수 있지 않을까? 이는 탯줄 혈관이 자궁의 '피의 연못'에 수많은 뿌리를 내리고 모태의 혈류와 이어져 있는 것과 동일하다. 요컨대 모자 교류의 밑바탕이 되는 포유의 세계에는 이런 지구사적인 시간의 흐름이 내재되어 있는 것이다. 나는 이 세계가 동물이나 인간의 음성을 만드는 데 은밀한 기반을 이루고 있다고 확신한다.

일반적으로 [m] [p] [f] [v] 등의 입술로 내는 소리를 입술소리 즉, '순음(脣音, labial)'이라고 한다. 입술 없이는 소리를 낼 수 없기 때문이다. 따라서 순음은 포유동물의 상징음이 되기도 하는데, 실제 송아지의 '음매' 소리, 강아지의 '멍멍' 소리와 같이 갓난아기의 '맘마' 소리는 세계 공통어다.

반면에 입술이 없는 파충류는 입술소리 대신 [k] [g] 등의 입천장소리, 즉 '구개음(口蓋音, guttural)'을 낸다. 만약 중생대에 살았던 공룡의 목소리를 재현한다면, 구개음을 가장 먼저 떠올릴 수 있다. 공룡이 사라진 오늘날에는 새가 우는 소리를 들으면 된다. 그도 그럴 것이 새들은 살아남은 '영광스러운 파충류'이기 때문이다.

물론 포유류도 외마디 비명을 지를 때는 구개음을 통해 본성을 드러내기도 있지만, 포유동물의 일상을 담는 상징적인 음성이라고 한다면 역시 젖을 빨 때 나오는 입술소리를 먼저 떠올리게 된다. 이는 인간의 언어 발생을 고찰하는 데에도 간과할 수 없다.

특히 [m] 음을 보면, 서구에서는 mamma(유방)에서 mater, maman, ……(어머니)까지 음식에 관한 근원적인 욕구의 대상을 지칭할 때 쓰인다. 더욱이 [m] 음은 소유대명사(ma, my, ……)의 의미로도 발전한다. 이는 개인 소유인 '사유(私有)'에 등장하는 '사(私)', 즉 논밭의 면적(禾+厶, 즉 벼+나)에 투영된 욕구 주체, 달리 표현하면 '나' 자신의 모습으로까지 확장된다. 마지막으로 [m] 음은 고대 인도어인 '√mā' 즉 'measure(측정하다)'에서 알 수 있듯이, 욕구의 세기를 측정하는 의미로까지 뻗어 나간다. 덧붙이자면 불교 용어인 '말나식(末那識, manas-vijñāna)'의 산스크리트어인 'manas' 즉 'mind(마음)'는 여기에서 나왔다고 한다.

이쯤 되면 [m] 음의 의미 발전을 통해 하나의 관계가 또렷이 떠오르고 있음을 확인할 수 있으리라. 이는 생물의 근원 욕구 가운데 하나인 식(食)의 세계를 무대로 전개된 음식물과 개인의 분극, 그리고 '음식'과 '나'를 '매'개하는 [m] 음의 구조 형태일 것이다.

이것을 인류 정신 역사의 첫머리에 그려진 역사적인 그림이라고도 말할 수 있지 않을까? 갓 태어난 신생아는 어머니가 내민 젖가슴에 얼굴을 파묻으면서 젖꼭지를 찾아 더듬어간다. 드디어 자리를 잡기 시작했을 때는 호흡을 가다듬으며 힘차게 젖을 빤다. 바로 이 광경은 방관자인 아버지가 보더라도 가슴 뭉클한 장면이다. 이때 맘마로 대표되는 [m] 음의 상징음에서 위에 소개한 언어의 분화가 일어났다는 사실도 지극히 자연스러운 결과일 것이다.

포유동물의 구강 점막은 2억 년이라는 긴 세월을 차곡차곡 쌓아올리는 동안 모유의 맛을 생명의 밑바닥에서 맛보고, 욕구를 다양한 입술소리에 위탁하여 표현해왔다. 그렇게 인류가 입술소리를 매개로 하여, 풍요로운 마음과 강렬한 자아에 조금씩 눈을 뜨지 않았을까?

미각의 근원─'억'의 의미

현미의 맛!

이는 분명히 하나의 맛이었다. 하지만 그 맛은 보통 우리가 음식을 입에 넣었을 때 기대하는 '맛있다, 맛없다'는 표현을 절대 허용하지 않는다. 맛있지도 맛없지도 않은 그냥 맛이다. 밥을 먹을 때마다 현미를 꼭꼭 씹는 사이에 어느새 말할 수 없이 근사한 풍미가 느껴진다. 일단 현미의 맛을 향한 하나의 발판이 마련되면, 그다음부터는 시간이 지날수록 한 걸음 한 걸음씩 깊은 맛에 빠져들게 하는, 그런 성격의 맛이다.

그런데 가만히 생각해보면 현미의 맛은 우리 조상들이 벼농사를 시작한 까마득한 옛날부터 매일매일 씹어오고 음미한 맛이다. 이에 비해 백미를 즐겨 먹기 시작한 시간은 얕고 짧다. 따라서 현미의 맛은 우리의 미각을 깊고 그윽하게 지탱해온 든든한 버팀목과 같은 맛이다. 그런 의미에서 현미의 풍미가 옛 조상들의 세계와 통하는 바가 있다 하더라도 새삼 이상하게 여겨지지는 않는다. 무엇보다 지역의 풍토를 매개로 생명적으로 연결된 혈연관계일 테니까.

야자열매의 맛!

이것도 확실히 하나의 맛이었다. 하지만 야자의 맛은 현미에 비해 훨씬 머나먼 맛이다. 물론 '맛있다, 맛없다'로 표현되는 흔한 맛이 아니다. 더욱이 '맛있지도 맛없지도 않은 그냥 맛'이라고 표현할 만큼 또렷하게 확인할 수 있는 맛도 아니다. 좀 더 심오하고 좀 더 깊숙해서 한순간 움찔하는, 마음 깊은 곳에서의 외침을 불러낼 수밖에 없는, 그야말로 '생명적'이라는 단어와 딱 맞아떨어지는 맛이다.

이는 인류의 먼 조상이 채집과 수렵 활동으로 하루를 지내던 머나먼 시간까지 거슬러 올라간다. 야자 맛이 50만 년 전 자바원인의 미각을 확실하게 지탱해왔음이 틀림없다. 그들이 어떻게 딱딱한 껍질을 벗기고 열매를 쪼갰을까? 물론 옛 조상이 야자열매를 먹는 장면을 직접 목격한 사람은 단 한 명도 없다. 하지만 야자열매가 조상들의 일상에 빠질 수 없는 존재였음은 쉽게 상상할 수 있으리라. 따라서 야자열매의 맛은 농경민족이라는 테두리를 훌쩍 뛰어넘어, 더욱이 인류의 테두리도 훨씬 초월한, 영장류의 기원까지 파고드는 뿌리 깊은 맛이다.

모유의 맛!

이것도 역시 맛으로, 객관적으로 포착할 수 없다. 앞에서 소개했듯이, 이는 입안의 타액과 같은 체액 그 자체다. 무릇 미각의 대상이 될 수 없다. 따라서 보통 음식의 맛으로 모유의 맛에 접근한다면 번지수를 잘못 찾은 것이다. 이미 모유의 맛은 인간의 몸속에서 완전히 육화(肉化)된 맛이라고 생각해도 무방하다.

거듭 이야기하지만 유즙의 기원은 포유류의 출현 시기만큼이나 유구한데, 어쩌면 중생대 초까지 거슬러 올라갈지도 모른다. 당시 파충류에 가까운 포유류는 입술 형태를 갖추고 있지 않았을 것이다. 따라서 젖을 입술로 빨아먹는 것이 아니라, 어미가 분비한 유즙을 혀로 핥아 먹는 오리너구리의 방법을 채용하지 않았을까 싶다. 중생대가 지나고 신생대에 들어와서야 비로소 입술로 흡입할 수 있게 되어 오늘날에 이르렀지만, 이는 농경민족은 물론이고 인류의 자연사를, 나아가 영장류의 자연사를 훌쩍 뛰어넘은 2억 년에 걸친 이야기다. 그동안 우리 조상들의 구강 점막은 모유의 맛을 '생명적으로' 기억하게 되었다.

이렇듯 기억이란 본디 생명적인 것으로 인간의 의식적인 차원을 훨씬 초월한 것이다. 우리는 기억의 참모습을 토대로 해서 일종의 마음가짐으로써 '생명 기억'이라는 단어를 쓰는데, 여기에서는 기억이라는 상형문자가 의미하는 바를 곱씹어보자.

먼저 '기억(記憶)'이란, '억(憶)을 기록한다(記)'는 뜻으로, 이 '억(憶)'이라는 한자를 좀 더 면밀하게 살펴보면, 《설문해자(說文解字)》(중국 후한 때 허신이 편찬한 중국 최초의 자전―옮긴이)에 '그저 가운데(中)라고 한다'는 풀이가 나온다. 즉 '억'은 춥지도 덥지도 않은, 혹은 공복도 만복도 아닌, 덜하지 더하지도 않은 '중간' 상태를 본뜨고 있다. 따라서 온도나 위의 존재 자체를 '억'은 망각하고 있는데, 일상생활을 떠올려보면 하루 대부분을 우리가 의식하지 못하는 동안 '억'의 상태로 지내고 있음을 알 수 있다. 아니 이렇게 말하기 전에, 이미 육체가 스스로 '억'의 상태로 움직이고 있다고 할 수 있으리라.

'억'의 상태를 오늘날의 사례로 조망해보면, 기온이 올라가면 피부 혈관이 열리고 혈액이 몸의 표면으로 확장되어 공기가 냉각되는 효과가 난다. 이때 혈관 확장을 돕는 것이 무더위를 식히는 '술 한잔'이다. 한편 기온이 떨어지면 피부 혈관은 수축하고 혈액이 내장으로 모여서 체온 발산을 막는다. 이때 피부 혈관의 감도를 높이려면 건포마찰로 대표되는 피부 단련을 하면 된다. 이렇게 더위, 추위를 느끼는 피부 감각이 혈관 민무늬근의 확장, 수축이라는 일종의 내장 운동으로 이어지고 그 결과 평균 상태의 체온이 유지된다. 이것이 이른바 신경성 조절이다.

한편 만복감, 공복감을 일으키는 위의 팽창과 수축은 생리학적으로 혈당의 부침에 좌우된다. 사람들이 하루 대부분을 위의 존재를 망각하고 생활할 수 있는 이유의 상당 부분은 혈당의 평균 상태를 보증하는, 길항적인 내분비계의 활동 덕분이다. 소화 흡수가 활발해져서 혈당치가 올라가면 소화관에서 파생한 내분비계가 작동하여 혈당을 떨어뜨린다. 한편 자극 흥분이 활발해져서 혈당치가 내려가면 혈당에 관여하는 감각-운동계와 가까운 내분비계가 잠에서 깨어나 혈당을 보충한다. 전자가 이자에서 나온 호르몬이라면, 후자는 부신의 속질과 겉질에서 2단계로 나온 호르몬이다. 바로 체액성 조절이다.

근대 의학은 우리 몸속에 숨겨져 있는 신경성, 체액성의 평균 조절 메커니즘에 예리하게 초점을 맞추었다. 이는 19세기 프랑스에서 배출한 대학자인 클로드 베르나르(Claude Bernard, 1813~1878, 프랑스의 생리학자로 근대 실험 의학의 아버지이자 일반 생리학의 창시자—옮긴이)가 처음으로 제시한 체액의 항상성 즉 '호메오스타시스(homeostasis)'의 개념에 따라 이론의 기틀이 정립되었고, 20세기 미국이 낳은 천재인 노버트 위너(Norbert Wiener, 1894~1964, 미국의 수학자이자 전기 공학자로 사이버네틱스라는 학문을 창시함—옮긴이)

그림 5   베르나르(왼쪽)와 위너(오른쪽)
내장 세계와 체벽 세계의 쌍극이 어찌하여 두 사람의 범상치 않은 얼굴에서 드러나는 것일까……. [그림 2] 참조.

가 제창한 신경의 제어성인 '사이버네틱스(cybernetics)'를 응용함으로써 실용화를 향한 길이 활짝 열렸다.

옛 선인들은 '억'의 메커니즘을 규명하고 이를 일상생활에 응용하기 위해서 온갖 노력을 기울여왔다. 더우면 옷을 벗고 추우면 옷을 껴입는 원시적인 방법에서부터 냉난방 시설의 근대적인 장치를 고안해내기까지, 그들은 생체가 갖춘 '억'의 메커니즘을 본능적 혹은 이론적으로 흉내 내지 않았을까? 그런 의미에서 동물이나 인간이나 '억'을 찾아서 꾸준히 정진해왔다고도 말할 수 있으리라.

《설문해자》에 따르면, '억'을 '쾌(快)'라고도 한다. 우리가 보통 '쾌'라고 부르는 것은 이를테면 삼복더위에서 나무 그늘로, 굶주림에서 진수성찬으로, '억'에서 동떨어진 '중간이 아닌' 상태에서 '억' 즉 '중간' 상태로 되돌아가는 과정을 말한다. 이는 방광벽이 조금씩 긴장해가는, 즉 '불쾌'가 뒤집히는 것이다. 따라서 '쾌'를 맛보려면 우선 '불쾌'가 선행되어야 한다.

우리의 일상을 되돌아보면, '쾌' 혹은 '불쾌'로 극과 극을 오가는 일은 그다지 빈번하지 않다. 대체로 하루 대부분을 '쾌'나 '불쾌'가 아닌, 《설문해자》에서 말하는 '진정한 쾌'로 지내는 듯하다. 말 그대로 '억, 억, 억'의 연속이라고 할 수 있다. 이것이 가능한 이유는 지금까지 살펴본 몇 단계에 걸친 평균 유지의 메커니즘 덕분일 테지만, 결국 우리의 육체는 '억'의 상태를 어느새 골수까지 깊이 새기게 된 것이다.

하지만 생물이 발생한 30억 년의 과거를 돌이켜 보았을 때,

원시적인 단세포 생물이 환경의 변화에 따르거나 혹은 거스르면서 대처한 이래, '억'의 명기(銘記)는 몸의 원형질까지 뿌리내린, 유구한 것임을 알 수 있다. 달리 표현하면 우리 몸을 구성하는 60조 개 세포의 모든 원형질이 30억 년에 걸친 '억의 일기장'을 소중히 보관하고 있다는 것이다. 근대의 분자생물학은 이 일기장의 주소를 세포핵의 금고 깊숙한 곳에 보관된, 단백질 분자의 이중나선 문양 속에서 찾아냈다. 처음에는 이것이 로제타석(Rosetta Stone)의 불가해한 문자처럼 사람들 앞을 가로막았지만, 첨단 장비를 이용해 필사적으로 해독함으로써 그 실마리가 모습을 드러내자, 세계의 두뇌는 흥분했다. 이것도 가만히 생각해보면 궁극적인 목적지는 '억'의 생물학적인 해명과 실용화임이 틀림없다.

결과적으로 현미의 맛도 야자열매의 맛도 더 나아가 모유의 맛도 모두 '억', 그 자체로서 저마다의 깊이로 몸의 원형질 깊숙한 곳에 명기되고 각인된 것이라고 말할 수 있다. 우리가 흔히 좋아하거나 즐긴다는 의미로 말하는, '맛(을) 들이다'라는 표현은 바로 이런 것이 아닐까? 오감 가운데 맛 대신 색, 소리, 향, 감촉을 대입하면 전혀 어울리지 않는다. 그도 그럴 것이 '맛을 들이다'처럼 '향을 들이다'라고는 말하지 않을 테니까. 이처럼 맛의 세계는 '억'을 기억하는 데 안성맞춤인 셈이다.

우리는 일상생활 속에서 시각, 청각이나 피부의 온도 감각이나 통각에 사로잡혀 미각을 간과하는 경향이 있다. 하지만 일단 치통의 괴로움을 맛보거나 발치로 인해 음식물 섭취가 어려워졌을 때는 입안 감각이 얼마나 뿌리 깊은 존재인지 실감하게 된다. 이는 미각이라는 감각이 '내장성(內臟性)'임을 여실히 드러내는 것이다.

앞서 [그림 4]에서 우리는 맛에 관여하는, 입에서부터 목에 걸친 영역이 물고기의 아가미장에 해당하는 부분이고, 더욱이 아가미장이 내장계를 대표하는 '장관의 전단 노출부'라는 사실을 알았다.

아울러 뒤에 등장하는 [그림 6]에서는 머나먼 조상의 몸 대부분이 아가미 부분으로 만들어졌다는 사실을 소개한다. 그야말로 이 영역이 생명의 핵심으로 자리매김하는 순간이다. 이미 [그림 2]에서도 보여주었듯이, 생물이 본래 타고난 생명 활동을 관장하는 기관은 내장계로, 체벽계는 내장계의 내용물을 목표 지점까지 운반하는 사륜자동차다. 따라서 체벽계의 성질을 띠는 눈이나 귀, 피부 감각이 미각에 비하면 보조적인 감각이라는 것은 쉽게 짐작이 간다. 바로 이것이 '맛의 세계'가 자랑하는 생물학적인 의미가 아닐까.

제3장
양수와 고대 해수

출산

의과대학 실습 가운데 '산박(産泊)'이라고 해서, 산부인과 분만실에서 하룻밤 묵으며 출산 과정을 지켜보는 시간이 있다. 학부 3학년 때의 일로 확실히 기억한다. 출석부에 적힌 번호 순으로 일정을 짜서 두 사람씩 산부인과 병동 당직실에 머물며 분만실에서 연락이 오기를 기다렸다. 산부인과 병동은 메이지 시대에 세운 목조 건물로 고즈넉한 풍취를 자아냈고, 병동을 에워싸는 나무숲이 부드러운 햇살을 받아서 지나다니는 임산부들을 따스하게 지켜주었다. 그날 밤 나는 같은 과 친구인 M과 함께했는데, 환자용 침대에 잠시 누워 있을 짬도 없이 곧바로 연락이 왔다.

분만실에 발을 들여놓는 순간, 나는 '어?' 하며 어리둥절했다. 아주머니로 보이는 두 사람이 누비 조끼 같은 웃옷을 걸치고 흐트림 없이 앉아 있었다. 바로 산파였다. 평상복 차림 그대로였다. 바짝 긴장하며 뛰어든 우리는 잠시 의아해했다. 분명 양쪽 사이에는 일종의 단층이 있었다. 산파의 눈빛은 분명 우리를 타이르는 눈빛이었다. 우리는 의국 선생님이라면 몰라도 평상복을 입은 아주머니가 건네는 강한 시선의 벽에 부딪힐 이유가 전혀 없다고 생각했다. 간호사라면 말이 통할 텐데……. 그 풍경에는 일본 현대 의학의 모든 문제가 내포되어 있지만, 물론 그때는 그렇게 깊이 생각할 여유가 없었다.

곧이어 방안 가득히 넘쳐흐르는 생명 탄생의 긴박한 분위기에 압도당했다. 임산부의 허벅지 밑바닥에서부터 끓어오르는 소리, 그리고 거기에 더해지는 산파의 부드러운 목소리……. 그것은 일본 노가쿠 무대에 선 주인공의 마음을 든든히 떠받치고 있는 합창 하모니의 세계였다. 이미 분만실 전체가 거대한 내장으로 변신해서 깊은숨을 내쉬고 있었다. 난생처음 피부로 맛보는 공기였다. 그 방에는 주위 병동과는 격리된, 하나의 생명 공간이 있었다.

지금 생각해보면 분만실 실습이 있던 그즈음 또 하나의 임상 실습이 있었는데, 그것은 바로 수술 견학이었다. 그 둘은 너무나 대조적이었다. 수술실 현장 실습도 출석부 번호 순으로 일정이 꾸려졌고, 나는 시내 병원의 정형외과 수술실을 견학하기로 되어 있었다. 수술 준비실에서 나는 눈 깜짝할 사이에 달랑 속옷 하나 빼고는 모두 벗겨진 뒤, 수술복에 수술 모자, 그리고 무시무시한 마스크로 완전히 밀봉되었다. 실내용 샌들로 갈아 신고 불안한 발걸음을 이끌고 들어간 수술실에는 바닥도 벽도 모두 하얀 타일로 뒤덮여 있었다. 온몸을 새하얗게 무장한 의사와 간호사는 역시 하얗게 칠해진 철제 수술대를 에워싸고 분주히 움직였다. 마치 얼굴을 가린 '백(白)의 암살자'를 떠올리게 했다.

수술은 반으로 깨진 무릎뼈를 접합하는 일이었다. "드릴!" 하고 수술 집도의가 말하면 바로 드릴 금속을 전한다. "철사!" 하고 말하면 번쩍 빛나는 20센티미터 정도의 철사를 핀셋으로 집어 건넨다. 무릎 위쪽은 넙다리네갈래근(대퇴사두근)이 수축한 탓에 넓적다리 중간되는 위치가 부풀어 올라 있다. 이를 힘껏 끌어내려서 무릎 아래쪽과 철사로 묶어 이어야 하는데, 이 과정이 순조롭게 진행되지 않았다.

'아, 어쩌지. 철사가 끊어질 것 같은데…….'

어느새 내 눈앞은 캄캄해지고……, 정신을 차려보니 나는 콘크리트 복도 구석에 쭈그리고 있었다.

산부인과 분만실과 정형외과 수술실의 하늘과 땅 차이, 이것은 과연 무슨 차이일까? 한마디로 말하자면 산파의 평상복과 새하얀 수술복의 차이가 아닐까? 이와 비슷한 일을 최근에도 경험한 적 있다. 숲이 우거진 시골 보육원에서 보모를 대상으로 강연회를 열었을 때였다. 아이들이 뛰노는 드넓은 강당 중간에 200명 가까이 모인 보모들은 각양각색의 평상복 차림이었다. 그 순간 간호학교의 질서 정연하고 일사불란한 '백의(白衣)의 천사' 모임이 떠올랐다.

생각해보면, 지금까지 내가 몸담아온 의학의 세계는 백의, 하얀 가운으로 상징되는 세계가 아닐까 싶다. 이 세계는 임상 현장에서도 연구실에서도 모두 흰옷 차림이다. 병실, 외래 진찰실,

연구실, 실험실, 그리고 해부실까지 모든 공간이 하얀 가운을 빼놓고는 상상도 할 수 없다. 더욱이 백의는 교실 안까지도 깊숙이 파고들었다. 교단에 서 있는 사람도, 책상에 앉아 있는 사람도 암묵적인 합의하에 모두 하얀 가운을 입는다. 하얀 가운은 의사의 유니폼이라기보다 그것을 걸치는 일 자체가 엄숙한 의식(ceremony)으로 변모한 듯하다. 이 의식은 의료 세계에서 그 주변부인 의료 보조 영역까지 침투했고, 심지어 온천장에도 미쳤다.

도대체 흰옷이 의미하는 바는 무엇일까? 그런데 다시 곰곰이 생각해보니 흰옷 숭배가 비단 의학 세계에만 국한된 이야기는 아니다. 신부가 입는 하얀 웨딩드레스에서부터 상복으로 입는 하얀 소복까지 육체의 순백을 증명하는 복식 문화에도 면면히 전해져 내려온다. 이는 갓난아기의 마음을 백지, 즉 타불라 라사(tabula rasa, 일체의 경험 이전에 빈 백지처럼 비어 있는 마음 상태를 이르는 말—옮긴이)에 비유함으로써 생명 기억의 세계를 완전히 말살하려는 근대 심리학의 동향까지 떠올리게 한다. 이쯤 되면 흰옷이 의미하는 바는 말 그대로 '무균'의 증명이라는 것 외에는 다른 생각이 나지 않는다.

메이지 시대 초기, 서양 의학이 정통 학문으로 정부의 인정을 받게 된 것도 천연두에 대처하는 종두소의 힘겨운 설립과 수십만 명의 생명을 앗아간 콜레라 방역 대책의 성과였다고 한다. 결과적으로 '세균 감염과 발병', 그리고 '세균 박멸과 치료'라는 만인이 인정하는 '원인과 결과'의 도식이 뜬금없이 대의명분으로 돌변해서, 전통적인 동양의학을 차츰차츰 민간의 한쪽 귀퉁이로 내몰았을 것이다. 그러고 보면 개항기 시절, 검게 칠한 서양 흑선(黑船)이 신형 세균을 자신들의 전용 역학(疫學)과 끼워팔기 식으로 일본에 가져온 것은 아닐까? 바로 이것이 역사의 필연에 근거한, 서양 의학의 도래 경위라고 짐작되는 바이다.

그렇다면 동양 의학은 도대체 무엇일까? 한마디로 말하면 동양 의학은 세균과 공존하는 세계다. 따라서 동양 의학에서는 항상 세균과의 공존이 가능한 체질을 화두로 삼는다. 하지만 이 경우에도 '저항력'이라는 단어는 절대 입 밖으로 꺼내지 않는다. '예방' 혹은 '박멸'이라는 단어에서도 알 수 있듯이, 이는 세균을 적성국으로 간주하는 인간 정신에서 비롯된 것으로, 서양 의학의 의지적인 발상은 애초 동양 의학의 세계에서는 자라날 수가 없다.

이처럼 평화를 사랑하는 나라의 특징적인 모습은 순백의 시트 때문에 철거당하고 있는, 시골 토방 안쪽에 짚을 깐 좌식 이부자리의 세계로 훌륭하게 상징된다. 동양 의학은 위생과는 언뜻 비슷하지만 다른, 진정한 '양생(養生)'의 세계가 아닐까?

세포의 몸속에는 옛날 옛적 독립 생물로 여겨지는 각종 미생물이 다양한 형태로 숨어 있다. 미토콘드리아(mitochondria), 엽록체, 중심립 등이 대표적이다. 한편 동물의 몸을 보더라도 무수히 많은 미생물이 공존공영하여 기생하고 있다. 나아가 동물계 전체를 보더라도 미생물인 균류(菌類)의 매개 없이 식물과의 교류는 실현될 수 없다.

동양 곳곳에 있었던 살생금지령에서도 알 수 있듯이, 원래 동양인은 자연계에서 흔히 볼 수 있는 생물 공존의 모습을 지극히 존중했다. 이는 나치스가 유대인 말살 정책을 도모한 것과 명백히 대조를 이룬다. 이 땅에서 살생을 엄금한 것도 결국은 민족의 생리라고 말할 수 있지 않을까?

동양과 서양의 두 세계는 인간의 정신을 뿌리에서부터 지탱하는 쌍벽 기능의 표출이라고 할 수 있으리라. 이처럼 평상복과 하얀 가운으로 상징되는 두 세계의 틈새는 산부인과 병동과 다른 일반 병동 사이에서도 엿보인다.

임상 실습 시간에 의대생이 처음으로 여러 진료 과를 돌 때, 소아과와 아울러 산부인과 환자 대기실만큼은 전혀 다른 세계에 속한다는 사실을 누구나 피부로 느낀다. '임신이 과연 병인가?'라는 질문을 치열하게 던지며, 본디 출산이라는 육체 활동이 임신과 마찬가지로 의학의 세계에서 한 발짝 떨어져 있다는 진실을 충분히 숙지해야 한다.

한편 산부인과 분만실의 공기는 이미 팽팽하게 고조되어 터지기 일보 직전이었다. 앞에서 '분만실 전체가 거대한 내장으로 변신해서……'라고 표현했는데, 우리는 자궁의 출렁거림에 완전히 휩쓸리고 있었다. 말 그대로 바닷물이 시시각각 밀려오는 광경이었다.

갑자기 '픽' 소리가 나더니 양수가 주위로 튀었다. 태아의 머리가 내 시야에 한순간 스쳤고, 내 얼굴에 양수 물보라가 일었다. 거의 동시에 일어난 일이었다. 그러더니 머리의 가마를 덧그리듯이 아기의 몸이 나선을 그리며 빠져나왔다.

내 몸은 망망대해를 표류하고 있었다. 그야말로 '바다'의 세계였다. 그때 양수 물보라가 내 입안으로 들어갔는지 어떤지는 잘 모른다. 구강 점막으로 양수 맛을 맛보았는지 어떤지는 당연히 더 기억하지 못한다. 다만 그 당시 해수가 펼치는 환상의 세계 가운데에 내가 녹아 있었다는 느낌만은 지금도 생생하다. 마치 양수를 한 잔 벌컥벌컥 소리를 내며 단숨에 들이켜듯이.

양수는 '고대 해수'라는 일종의 신념 같은 것이 어느새 내 몸을 가득 채우게 된 것도 분만실의 그 하룻밤 사건 이후부터였다. 이는 지금 돌이켜보면, 야자열매 이전에 경험한 생명적 회상의, 아마도 유일무이한 대사건이 아닐까 싶다.

척추동물의 상륙

지구에서 생명이 태동한 곳은 30억 년도 훨씬 넘는 고대의 바닷속이라고 한다. 최근 남아프리카의 당시 지층에서 발견된 원시 '균류'의 미화석(微化石, 현미경으로 관찰, 연구되는 아주 작은 화석—옮긴이)에서 구체적인 연대가 밝혀졌다. 45억 년의 지구 역사를 봄, 여름, 가을, 겨울의 일 년이라는 시간으로 환산해보면 생명이 처음으로 나타난 시기는 따뜻한 봄, 4월에 해당한다. 이어서 오스트레일리아의 처트(chert) 층에서 20억 년 전(2009년 연구에서 34억 3천만 년 전이라고 정정되었다—옮긴이)의 것으로 추정되는, 핵을 갖춘 원시 '식물 세포'인 조류(藻類)의 미화석이 발굴되었다.

당시의 바닷물에는 이미 산소가 들어 있었는데, 이와 같은 사실에서 산소를 소비하는 '동물 세포'의 존재를 충분히 상상할 수 있다. 달리 표현하면 식물과 동물이 균류를 매개로 서로 대면하는 오늘날의 생태계 기초가 이미 태곳적 바다를 무대로 이루어졌음을 가늠케 한다.

지질 시대로 말하자면 이는 시생대에 해당하고, 지구의 사계절로 환산하면 장마가 끝나는 음력 6월쯤 된다. 그리고 이 시기에 드디어 다세포 동물의 진화가 시작된다. 우선 장마 이후 찾아오는 지구사의 한여름에 원생대 바다에서 무척추동물이 모습을 드러내고, 지구사의 가을로 접어들면서 고생대 바다에 척추동물이 출현한다. [그림 6]에 이 변화상을 정리해두었다.

그림을 살펴보면 원시적인 무척추동물의 기본 구조는 체축(體軸)을 수직으로 한, 하늘과 땅을 향한 식물의 모습을 엿볼 수 있다. 따라서 전후좌우의 극성(極性)이 없고 위에서 보면 방사대칭의 모양이다. 이와 같은 식물 구조가 어떻게 체축이 수평으로 가로눕고 머리와 꼬리, 등과 배, 좌우로 이루어진 3차원의 극성을 갖춘 동물로 진화할 수 있었을까?

고생물학자들은 진화의 출발점을 멍게의 유생에서 찾으려 한다. 한국, 일본 등지에 분포하는 멍게는 성장하면 고착성(固着性)을 띠는 식물의 모습으로 변하는데, 유생 시절에는 올챙이처럼 바닷속을 헤엄쳐 다닌다.

한편 원시적인 척추동물의 경우, 이런 유생이 고착 생활을 하는 성체로 탈바꿈하지 않고, 어린 시절의 모습을 그대로 간직하

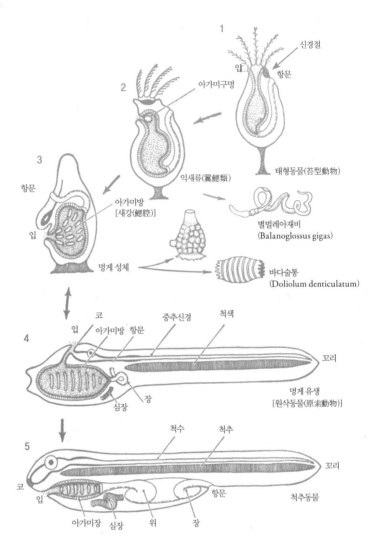

신경절
입
항문
1

아가미구멍
2

태형동물(苔型動物)

익새류(翼鰓類)

아가미방
[새강(鰓腔)]
항문
입
3

별벌레아재비
(Balanoglossus gigas)

멍게 성체

바다술통
(Doliolum denticulatum)

코
입 아가미방 항문
중추신경 척색
꼬리
4
장
심장
멍게 유생
[원삭동물(原索動物)]

척수 척추
코
입
5
항문
아가미장 심장 위 장
척추동물
꼬리

그림 6 척추동물의 기원

부유성이 있는 멍게 유생(4)이 고착성을 띠는 성체(3)가 되지 않고 그대로 성숙한 것이 척추동물(5)이다. 유생은 내장계인 아가미장과 체벽계인 꼬리로 이루어지는데, 마침내 내장관은 각 부위에 똬리를 틀고 '저장소' 형성을 향해 나아간다. 미국 고생물학자 알프레드 로머(Alfred Romer, 1894~1973) 그림을 고쳐 그림.

며 성체가 되는 것이다. 어쩌면 생물계에서는 이런 조숙한 형태
가 필요했는지도 모른다.

이처럼 성체가 유생 시기의 특징을 유지하는 진화 형태를 '유
형(幼形) 진화'라고 부른다. 나중에 이야기하겠지만 환경 조건의
악화에 대응한, 궁지에 몰린 생명 형태로서 진화의 흐름을 지탱
하는 하나의 위상으로 여겨진다. 이렇게 해서 파도 사이사이에
먹이를 기다리는 수동적인 자세에서 벗어나 먹잇감에 맞서는 적
극적인 자세로 동물의 개체 체제가 바뀌었다. 그리고 드디어 고
생대 실루리아기의 바다에 유형 진화의 결과물로 보이는 최초의
척추동물이 모습을 드러냈다.

이미 소개했듯이, 고생대의 원시 어류는 팔다리에 해당하는
지느러미가 없고, 턱이 없는(無顎) 둥근 입(圓口)을 벌린 채 바다
밑바닥을 기듯이 나아가고, 자연스럽게 입으로 들어오는 바닷물
을 쭉 뻗은 하나의 소화관으로 '여과'해서 그 가운데 들어 있는
작은 먹이를 집어 먹었다.

지구의 과거를 살펴보면, 육지가 더 앞서는 '육성기(陸盛期)'와
바다가 더 번성한 '해성기(海盛期)'가 서로 되풀이되고 있음을 알
수 있다. 이런 주기적인 변동은 지구의 거대한 박동에 기인하는
데, 수축기에는 지표의 깊은 주름이 바다를 집어삼켜서 육지가
웅장한 모습을 드러낸다. 바로 조륙운동, 조산운동이라고 부르
는 것이다. 한편 지구 박동의 확장기에는 반대로 바다가 육지로
침입해서 육지를 바다 밑바닥으로 가라앉힌다.

물론 이와 같은 지구의 박동은 기나긴 세월에 걸친 거대한 물

결로 45억 년 지구의 역사에는 수많은 조산운동이 기록되어 있다. 당연히 하나의 너울에는 천만 년 단위의 파도를, 그리고 그 파도에는 백만 년 단위의 잔물결을 볼 수 있다는 것은 두말하면 잔소리다.

고생대에 엄습한 최초의 조산운동은 실루리아기에서 데본기에 걸쳐 1억 년 동안 꾸불꾸불 반복된 '칼레도니아(Caledonia) 조산운동'이다. 애초 무악류의 동료로 출발했던 척추동물은 이 시기에 오늘날 어류의 머나먼 조상으로 당당히 진화했다. 새로운 척추동물은 수족이 되는 지느러미를 갖추고 이를 방향키로 삼아 자유롭게 헤엄쳐 다녔는데, 특히 열고 닫을 수 있는 턱을 이용해 먹잇감을 잡아먹었다. 유악(有顎) 어류 대부분은 대륙을 에워싸는, 바닷물과 민물이 섞여 있는 기수(汽水)에서부터 담수 지역에 이르는 물속까지 생활을 꾸려나갔다.

이곳 수역은 칼레도니아 조산운동 때문에 일어난 해퇴와 해진이 만든 일종의 거대한 개펄로 여겨지는데, 데본기에서 석탄기에 걸쳐 일어난 두 번째 조산운동으로 대륙 내에 크고 작은 담수호가 만들어지자 물고기들은 호수 쪽으로 조금씩 나아갔다. '바리스칸(Variscan) 조산운동'으로 불리는, 이 1억 년이라는 시간 동안 담수 지역도 마찬가지로 크고 작은 주기로 박동했고, 그 결과 형성과 소멸을 되풀이했다. 이 과정에서 물고기들은 물과 뭍으로, 극과 극을 오가는 생활 교체에 어느새 적응할 수 있게 되었다.

'폐어(肺魚, lungfish)'라는 물고기가 있다. 오스트레일리아, 남아

메리카, 아프리카의 담수 지역에서 각기 다른 모습으로 서식하고 있는 폐어는 모두 아가미구멍의 줄과 이어지는 주머니 모양의 허파를 갖추고 수륙 양서 호흡에 대비한다([그림 32] 참조). 우기에는 물속에서, 건기에는 모래펄에서 시기를 구분하여 서식하고 각각 아가미 호흡과 허파 호흡을 하는 식으로 확실하게 구분 짓는다. 이런 혼합형은 고생대 바리스칸 조산운동을 무사히 통과해온 물고기들이 크기에 상관없이

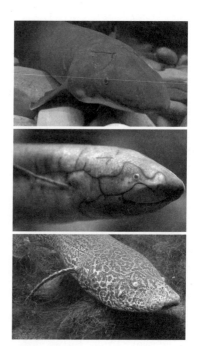

그림 7 폐어
위에서부터 오스트레일리아, 남아메리카, 아프리카산. 얼굴 생김새의 변화에 유념!

갖추고 있던, 추억의 구조라고 볼 수 있다. 그런 의미에서 오늘날의 폐어는 머나먼 옛날부터 지금까지 3억 년이라는 긴긴 시간 동안 수륙 양서 생활을 영위해왔다. 그야말로 '살아 있는 화석'이라는 이름이 잘 어울리는 생명체다.

한편 당시의 물고기들이 언제까지나 물과 공기 사이를 표류한 것은 아니다. 충분히 상상할 수 있듯이, 어떤 물고기들은 우물쭈물 망설이다가 양서 생활에 종지부를 찍고 새로운 육지 생활로 이행했다. 데본기 후기에서 석탄기에 걸쳐 당시 고대 녹지

에 상륙의 첫걸음을 기록한, 가장 오래된 양서류인 익티오스테가(Ichthyostega)가 바로 그 대표 주자였다.

북아메리카 북부 데본기층의 이암(泥巖, 미세한 진흙이 쌓여서 딱딱하게 굳어 이루어진 암석―옮긴이)에는 익티오스테가의 발자국이 화석으로 선명하게 남아 있는데, 이것이야말로 생명 발생 이후 30억 년이라는 기나긴 세월 동안 함께한 수중 생활에 이별을 고하고, 육지 생활로 힘찬 첫걸음을 내디딘 결정적인 순간의 기념비라고 할 수 있을 것이다. 같은 맥락에서 우리는 지구의 고생대 이야기를 '척추동물의 상륙'이라고 즐겨 부른다.

이쯤 해서 5억 년을 헤아리는 척추동물의 자연사를 되돌아보면, 수많은 난관을 뚫고 지나온 지난날이 스쳐 지나간다. 그중에서도 지금 소개한 고생대 시절, 두 번에 걸친 생활 터전의 이동은 생명의 위기에 직면한 가장 혹독한 시련이었을 것이다.

최초의 칼레도니아 조산운동으로 해수에서 담수로 생활 터전을 옮겨야 했을 때, 이어지는 바리스칸 조산운동으로 수생에서 육생으로 나아가야 했을 때, 만약 사전 준비나 대책이 없었다면 갑작스러운 담수 생활로 물이 몸에 스며들면서 몸이 빵빵하게 부풀어 오르거나 갑작스러운 육지 생활로 물이 증발해서 마른오징어처럼 말라비틀어지지 않았을까?

하지만 어떠한 상황에서도 1억 년의 세월은 척추동물에게 긴긴 시행착오의 시간을 마련해주었고, 가혹한 자연은 되레 그들에게 신비로운 적응을 달성하게끔 도왔다. 앞서 '억(憶)'의 의미에서도 살펴보았듯이, 기억의 유지 기구에는 두 번에 걸쳐 획득한 적응의 메커니즘이 나이테 구조가 되어 선명하게 새겨져 있다.

마침내 고생대 후기를 장식한, 1억 년에 걸친 상륙 드라마가 완성되었다. 양치식물의 숲으로 뒤덮인 석탄기의 고대 녹지에서는 가까스로 상륙을 마친 양서류가 최초의 육생 척추동물로서 생을 영위했다. 중생대를 제패할 원시 파충류가 모습을 드러냈고, 파충류의 그늘에 숨어서 원시 포유류가 드문드문 얼굴을 내비치면서 앞으로 펼쳐질 신생대의 천하를 향해 긴 고행의 발걸음을 내디뎠다.

한편 오늘날 지구의 바다에서 번성하고 있는 물고기들은 상어류를 제외하고 모두 부레를 가지고 있다. 개중에는 소화관과 이어진 주머니처럼 생긴 부레도 있다. 뒤에서 소개하겠지만, 이는 모두 허파(폐)의 흔적이다. 분명 부레는 예전에 아주 잠깐이라도 어류가 공기 호흡을 했다는 사실을 대변해주는, 문신과 같은 증거가 아닐까? 어쩌면 이 물고기들은 상륙을 바로 코앞에 두고 있었는지도 모른다.

사실 오늘날 어류의 조상은 바리스칸 조산운동이 거듭된 1억 년 동안 수륙 양서 생활을 고집해온 집단이라고 할 수 있다. 따라서 그들은 차마 양서류가 되어 땅을 힘차게 뛰어오를 수는 없었던 무리들이다. '앞으로 나아갈 것인가, 뒤로 후퇴할 것인가'라는 문제를 놓고, 1억 년이라는 심사숙고의 시간을 보냈음이 틀림없다. 하지만 그들은 결국 고향인 바다로 되돌아갔다. 그동안 엄습한 크고 작은 해진과 해퇴의 파도를 타고서. 바다로 향한 물고기들은 거대한 자연 속에서 분명 돌아갈 수밖에 없었으리라.

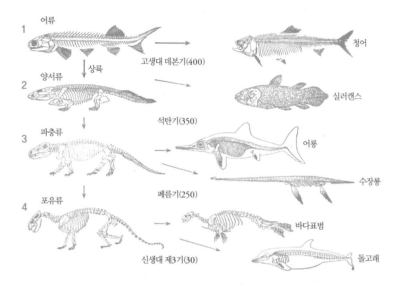

어류

1

고생대 데본기(400)

청어

상륙

양서류

2

실러캔스

석탄기(350)

파충류

3

어룡

수장룡

폐름기(250)

포유류

4

바다표범

신생대 제3기(30)

돌고래

그림 8 바다 회귀의 계보

척추동물은 상륙함에 따라 척추가 활 모양으로 굽은 만곡형으로 진화했는데, 시간이 흘러 바다로 회귀함에 따라 척추는 다시 직선형으로 되돌아간다. 살아 있는 화석인 '실러캔스'에는 양서류의 '향기'가 난다. 숫자는 백만 년.

　파충류도 역시 고향인 바다로 돌아갔다. 가장 거대한 해양 파충류로 통하는 어룡(魚龍), 목이 긴 바다 공룡인 수장룡(首長龍)은 영국 스코틀랜드 지방의 네스(Ness) 호에 산다는, 전설의 괴물 '네시(Nessi)'에 어슴푸레한 꿈을 남겨놓은 채 거의 절멸한 것으로 알려졌다. 반면에 바다거북, 바다뱀은 지금까지 살아남았고, 바다이구아나는 오늘도 갈라파고스(Galápagos) 제도에서 바다와 육지를 왕복하고 있다.

　파충류의 귀향에 이어서 포유류도 역시 바다로 돌아갔다. 포유류의 경우 그리 과거의 일이 아니라서 대부분의 해양 포유류가 바다를 주름잡고 있다. 고래는 바다에 정착했지만 바다사자, 바다표범, 물개 등 지느러미발을 가진 기각류(鰭脚類)는 바다와 육지를 오가며 하루하루를 바쁘게 지냈다.

하지만 육상 동물의 고향 회귀는 규모 면에서 어류의 회귀에 크게 뒤진다. 고생대에 숨겨진 어류의 자연사는 상륙이라는 드라마 무대 뒤편에서 되풀이된 뒷이야기라고 치부하기에는 너무나 장엄한 규모의 대서사시가 아닐까?

생명의 소금

우리는 어머니 배 속에서 열 달 동안 양수에 푹 젖어 지낸다. 이 액체가 태아의 입안은 물론이고 콧구멍, 귓구멍 등 외부로 통하는 모든 구멍으로 흘러들어가 몸의 안팎을 구석구석 촉촉하게 만든다.

태아가 엄지손가락 끝 마디 크기만큼 자라면 혀의 윤곽이 얼추 드러난다. 이는 임신 2개월 중반 즈음, 이미 신경이 생긴 이후다. 따라서 미비하지만 감각할 수 있고, 운동할 수 있다. 3개월로 접어들면 당당하게 쩝쩝거리고 입맛을 다시기 시작한다. 태아의 길이는 4센티미터로 3등신쯤 되는데, 이 시기부터는 액체의 미각에 몰두한다. 아니 몰두한다기보다는, 달리 뾰족하게 할 일이 없어 그럴 수밖에 없을 것이다. 엄마 배 속에서는 얼굴, 머리, 입, 코 등 어디나 할 것 없이 '양수 절임' 상태일 테니까.

그뿐 아니다. 자그마한 태아는 양수를 꿀꺽꿀꺽 마시기도 한다. 끊임없이 양수를 맛보는 것이다. 이렇게 양수는 태아의 식도에서 위까지 구석구석을 적시고 날문의 관문을 훌쩍 뛰어넘어 장 전체로 퍼지면서 약간의 양수가 흡수되기도 한다. 당연히 이 양수에는 무의식중에 방뇨한 태아의 소변이 들어 있을 테니까, 태아의 몸이 양수 순환하는 데에 모세혈관의 임무를 다하는 셈이다.

아직 더 있다. 태아는 이 액체를 가슴 가득히 들이마신다. 분명 작은 허파 주머니에 액체가 흘러들어 온다. 감각적으로 이해하기 힘들겠지만, 이는 틀림없는 사실이다. 양수를 들이마시기도 하지만 당연히 내뱉기도 한다. 이와 같은 태아의 '양수 호흡'은 이후 반년에 걸쳐 세상에 나오는 그날까지 계속된다.

모태에서는 탯줄을 매개로 혈액의 가스 교환이 이루어지기 때문에 사실상 호흡이 필요 없다. 하지만 엄마가 어떠한 긴박한 사정으로 인해 무호흡 상태가 이어지면, 증가한 혈중 이산화탄소가 탯줄을 통해 태아의 숨뇌에 도달하고 결과적으로 호흡 중추를 자극하는 사태가 발생한다고 한다. 이때 태아도 역시 크게 숨을 몰아쉰다. 엄마와 아기의 이중창이라고 해야 할까?

덧붙이자면 엄마 배 속에서 나올 때 이 양수는 처음으로 힘차게 들이마신 공기에 짓눌려서 허파 주변부로 튀고 일종의 무균성 폐렴 상태가 되는데, 그때 튄 양수는 약 1개월 만에 혈중으로 흡수된다고 한다.

앞에서도 소개했듯이, 육상 동물의 허파는 어류의 아가미장에 해당한다. 육상동물의 경우 아가미구멍이 숭숭 뚫리는 바닷속 어류와 달리, 아가미장 즉 허파 벽이 얇아지면서 콧물 방울처럼 부풀어 오른다. 폐어의 경우 수륙 양서 장치, 즉 아가미구멍의 줄과 그 마지막 줄에서 나온 허파 주머니가 한 줄로 늘어서 있는데, 이 점은 아가미구멍과 허파가 '상동(相同)기관'이라는 사실을 우리에게 가르쳐준다. 달리 표현하면 아가미장 벽이 수중 호흡과 공기 호흡에 따라 각각 형태로 변신을 거듭한 셈인데, 이 문제와 관련해서는 뒤에서 좀 더 자세히 알아보기로 하자.

이쯤 되면, 엄마 배 속에서 양수에 젖어 지내던 태아가 자그마한 허파로 양수 호흡을 영위하는 그림은 왠지 태곳적 바다의 아가미 호흡을 떠올리게 하지 않는가? 실제로도 그러하다. 척추동물이 상륙할 때 그들은 고대 해수를 '생명의 물'로 갖고 올라왔다. 자신의 모든 세포를 그 액체에 담그면서. 이는 '혈조(血潮)'라는 단어에 여실히 표현되어 있다.

[그림 9]는 척추동물의 '난(卵)'을 계통적으로 정리한 것이다. 그림 윗부분은 어류와 양서류가 수중에 낳는 알, 가운데 그림은 파충류와 조류가 육상에 낳는 알. 그리고 아래는 포유류의 자궁에 착상하는 수정란. 각각 고생대, 중생대, 신생대를 상징하는 모습이다.

우선 그림 위쪽의 수생 알에서는 난막을 통해서 배를 에워싼 생명의 물이 밖의 해수와 거침없이 교류한다. 여기에서 배는 산소와 물, 무기질을 흡수하고, 이산화탄소와 노폐물을 배설한다. 이때 배의 먹을거리는 곧, 자신의 장 속에 엄마가 가득 채워 넣어준 난황과립의 유산이다. 난황이라고 부르는 배의 식량은 식물의 녹말을 재료로 해서 엄마가 정성껏 만들어준, '영양의 정수'라는 표현이 딱 어울리는 노른자위다.

배는 이 식량을 조금씩 소비하면서 하루가 다르게 자라고 점차 부드러워지면서 마침내 난막을 혼자 힘으로 깨부수고 물 밑

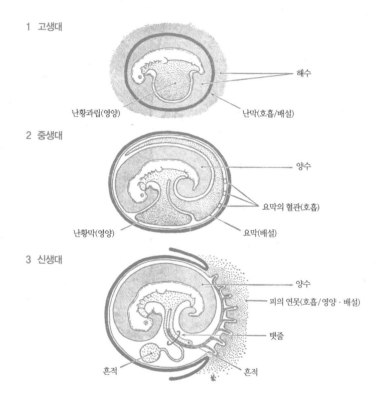

1 고생대

난황과립(영양)
해수
난막(호흡/배설)

2 중생대

양수
요막의 혈관(호흡)
난황막(영양)
요막(배설)

3 신생대

양수
피의 연못(호흡/영양·배설)
탯줄
흔적
흔적

그림 9 양수와 고대 해수
1은 고생대의 수생 알, 2는 중생대의 육생 알, 3은 신생대의 착상 수정란. 어머니의 바다에서 모태 속으로, 생명이 바닷물과 서로 하나가 되어 받아들이는 과정을 엿볼 수 있다.

바닥인 모래 위에 자신의 몸을 조용히 뉜다. 아직 올챙이배처럼 몸이 불룩 튀어나와서 꼼짝달싹 움직일 수 없는 상태이지만, 여기에서 처음으로 밖의 해수에 피부를 드러내고 직접 교류하면서 바다의 무한한 품속에 안기게 되는 것이다. 따라서 드넓은 바다가 그들의 '어미'가 된다는 것은 분명한 사실이리라. 태고의 바다가 생명 탄생의 모태라는 것은 지금까지 거듭 이야기해왔지만 이를 단적으로 대변해주는 하나의 풍경이다. 일반적으로 이 시기의 배를 '유생'이라고 부른다.

다음으로 육생 알을 살펴보자. 파충류나 조류는 어미가 되는 바다의 품에서 멀리 떨어진 육지에 알을 낳는다. 육생 알의 경우, 배가 딱딱한 알껍데기인 난각으로 포장된다. 난각이란 난관을 내려가는 도중에 그 벽에서 분비된 이상적인 통기성을 자랑하는 '방수포'로, 어머니가 정성을 담은 최후의 선물이다.

그럼 껍데기 속의 배를 들여다보면, 안에는 완전히 새로운 두 종류의 주머니가 생기고 있다. 투명하고 얇은 막 주머니로, 하나는 난황막 주머니 뒤쪽에서 나온 거대한 방광 주머니다. 이는 난생 시절에 변기의 임무를 다하기 때문에 '요막(尿膜)'이라고 부른다. 요막은 겉면을 껍데기 안쪽에 밀착시키고 혈관을 매개로 난각 외부의 공기와 가스 교환도 한다.

또 한 가지 새로운 막이 바로 문제의 주머니다. 이 주머니는 태아의 껍질 층이 번드쳐서 몸 전체를 뒤덮은 것으로 주머니 안에는 양수가 가득 채워져 있다. 따라서 태아는 양수 속에 붕 떠 있는 모습이 된다. 고(古)해양학의 성과를 참고하면, 이 양수의 조성은 고대 해수와 아주 흡사하다고 한다. 척추동물의 상륙이 '바닷물과 함께' 이루어졌다는 확실한 증거가 아닐까? 바로 이 것이 이 책 본문을 떠받치고 있는 하나의 기둥이라는 사실은 당연하다.

마지막으로 그림 아래의 착상 수정란을 살펴보자. 여기에서는 배 전체가 영양막으로 에워싸여 자궁벽에 기어들어 간다. 자궁벽 부착 부위에서는 영양막이 무수히 많은 섬모를 내밀고 섬모가 난 자리에 생겨난 '피의 연못'에 뿌리를 내린다. 이 부위를 '태반'이라고 부른다.

인간 태아의 요막 혈관은 탯줄을 통해서 태반 벽에 도달하고, 피의 연못을 매개로 모태의 혈류와 교환되며, 태반에서 가스 교환과 아울러 영양물을 흡수하고 노폐물을 배출한다. 이렇게 포유류의 경우, 영양을 축적하는 난황막 주머니도 배설을 돕는 요막 주머니도 본격적으로 활용하지 않고, 그저 먼 난생 시절의 흔적으로 남겨둘 따름이다. 하지만 '양막' 주머니만큼은 여전히 양수로 가득 채워진다. 이 양수는 산란한 알 속이 아닌, 현재의 자궁 속에 채워져 있다. 요컨대 모태 속에 이미 고대 해수가 깃들어져 있는 것이다. 바로 이것이 포유류를 달리 부를 때, '바다를 품은 종족'이라고 일컫는 이유다.

결국 우리는 머나먼 고생대뿐 아니라 태아의 시대에서도 같은 바닷속에 있었다는 사실을 추측할 수 있다. 그리고 바다와의 인연은 상륙 이후에도, 출산 이후에도 혈액을 매개로 여전히 진행되는데, 이는 다른 육상 동물에도 모두 적용되는 이야기다. 그뿐 아니라 모든 동물과 모든 식물은 형태는 다르지만 비슷비슷한 방식으로 머나먼 바다와 이어져 있는 것이다.

지구 생물의 궁극적인 고향인 바다의 상징으로 망설임 없이 소금의 결정을 꼽을 수 있다. 소금, 이것이야말로 바다의 진수이자, 지구에 서식하는 생물의 마지막 생명의 무늬를 대변하는 증거 아닐까? 언젠가 우주 생물들이 한자리에 모여 축제를 개최할 때, 지구 생물의 기치를 흔들어야 한다면 바로 이것밖에는 없지 않을까? 지구를 대표하는 이들은 모두 고향의 심벌마크인 소금의 결정을 가슴에 달고서 당당히 행진하리라. 이는 분명 지구의 함수라고 말할 수 있다.

이처럼 소금은 지구 위의 생명을 지금도 지탱해주고 있다. 따라서 바닷물에서 소금을 추려내는 행위는 가장 엄숙한 생의 영위다. 이는 고향 강바닥을 목표로 급류를 거슬러 올라가는 연어의 모습을 떠올리게 하는, 고향을 향한 '생명적인 회귀'를 상징하는 하나의 행위가 아닐까?

사방이 바다로 둘러싸인 일본에는 오래된 소금 만들기 전통이 있다. 지금도 일본의 대표 신사 중 한 곳인 이세진구(伊勢神宮)에 전해 내려오는 입빈식(入浜式, 해수면보다 낮은 바닷가에 둑을 쌓고 밀물 때 바닷물이 흘러들어 오게 해서 소금을 만드는 방법—옮긴이) 염전 기법은 '바다의 정수'를 뽑아내는 데에 잘 어울리는 성스러운 의식으로 승화하고 있다고 한다. 이렇듯 소금은 '생명의 무늬'로 일본인들의 몸을 떠받쳐왔다.

그러나 공업화의 광풍이 모든 것을 불태우고 말았다. 조상 대대로 내려온 염전은 온데간데없이 사라졌고, 그 빈자리를 대신한 화학 제염법은 미각을 마비 상태 직전까지 내몰고 있다.

하지만 다행히도 재래식 염전의 부활 운동이 들불 번지듯 퍼져가고 있다. 한 청년이 친구와 일본 이즈(伊豆) 반도 동쪽 해상에 있는 오시마 섬(大島)으로 발걸음을 향했다. 콘크리트 블록을 쌓아올려서 바닷가에 하나의 탑을 만들었다. 그리고 '어머니와 같은 바다'의 물을 탑으로 유입시켜 농축했다. 온갖 난관을 극복한 뒤 가까스로 채취한 주옥같은 결정은 '진수'의 밀도 측면에서 입빈식 염전의 소금을 능가했다. 일체의 불기운을 피한 채, 오직 태양의 빛에만 의존하는 그 기법을 통해 바다의 모든 성분을 거의 자연의 모습 그대로 소금의 결정 안에 봉인한 것이다. 이 소금 한 톨 한 톨에는 바다의 진수가 깃들어 있다. 이는 지구가 낳은 모든 미각의 원점이 응축된 것이라고 말할 수 있지 않을까?

1980년 여름의 어느 날, 오시마 섬의 나무 그늘에 뜻있는 몇몇 사람이 모였다. 이름하여 '천연염 심포지엄'으로, 참가자의 눈빛에는 흔히 볼 수 없는 신비로운 기운이 넘쳐났다. 견학 대열에 섞여, 비닐하우스의 선반 바닥에서 방금 추출한 결정을 한 톨 입에 가져갔을 때, 바로 그 순간 이전의 추억이 순식간에 되살아났다. 모유의 맛, 야자열매의 맛, 그리고 현미의 맛! 이 모든 맛의 밑바탕에 숨겨져 있던 맛이 여기에 있었다. 이를 미각 체험의 결정판이라고 말할 수 있으리라.

다음 날 강연회에서 나는 그 청년의 바람대로 '태아의 세계'를 스크린에 비추었다. 강연회장 밖에는 상쾌한 남도의 나무 그

그림 10 저녁놀이 내리쬐는 유수탑

늘이 펼쳐져 있었다. 오시마 섬 덩어리는 이미 일본 본토에 엉겨 붙은 이즈 반도와 함께, 옛날 옛적 지각 변동이 일어나면서 머나 먼 남쪽에서 이동해온 섬이라고 한다.

처음으로 본토를 떠나온 나에게 그 광경은 심장을 요동치게 했다. 그리고 양수에 젖어 있는 환상의 얼굴을 슬라이드에 비추 면서 강연장 내의 공기에 어느새 빨려 들어가는 내가 그곳에 있 었다.

II

태아의 세계—
생명 기억의 재현

제1장
닭의 생명, 나흘째

먹물의 주입

닭의 알, 즉 달걀은 21일째 부화한다. 그런데 알을 품기 시작한 나흘째, 정확하게 말하면 4일부터 5일에 걸쳐 알은 커다란 위기를 맞이한다. 양계 농가에서는 달걀의 위기를 상식처럼 알고 있지만, 부끄럽게도 나는 전혀 알지 못했다.

이 시기가 되면 인공적으로 알을 부화시키는 기계인 부란기(孵卵器)에서 끄집어낸 알은 영락없이 생기를 잃는다. 죽음에 이르는 알도 있다. 그 전까지 순풍에 돛을 달듯 순조롭게 진행되던 배아 발생의 형세가 손바닥 뒤집히듯 돌변하는 것이다. 달걀의 위기 현상은 내 연구실 생활 가운데 최대의 사건이었지만, 당시에는 달걀의 사연을 알 길이 없었다.

밤낮없이 알을 만지는 나날이 이어졌다. 이는 동물가게 아저씨가 건네준 수정란, 즉 달걀 씨였다. 한 번에 수십 개가 바구니에 담겨 오는데, 이 알들을 몇 개 그룹으로 나누어 시간대별로 부란기에 넣는다. 온도는 40도를 유지한다. 새로운 공기를 채워 주기 위해 가끔 부란기 문을 여닫는데 그때마다 암탉의 간절한 마음으로 알을 뒤집어 놓는다. 온도가 내려가면 수은주를 노려 보며 온도 조절 다이얼을 돌린다. 그런 날들이 계속되었다.

닭의 배, 이른바 태아는 노른자위 꼭대기에 붙은, 배꼽과 같은 '배반(胚盤)'에서 자란다. 처음에는 정말 앙증맞은 상투처럼 생겼다. 알을 따뜻하게 품기 시작한 지 사흘째가 되면 배반이 생긴다. 그리고 배반과 함께 동그란 혈관망이 상투 주위의 노른자위 표면에 모습을 드러낸다. 난황 혈관망이다([그림 11]).

한편 이쑤시개 손잡이 부분만큼도 자라지 못한 작은 태아이지만 목 주위에는 S자로 굽은 원시 심장관이 보이고 이 관에서 가느다란 대동맥의 싹이 뻗어 나와 체축을 관통한다. 이렇게 해서 발생 초기, 닭의 혈액은 심장관에서 대동맥을 거쳐 주위 난황

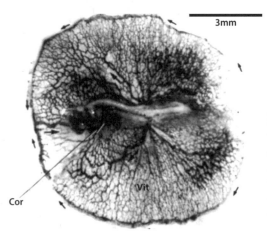

3mm

그림 11 초기 순환

부화 53시간이 지난 먹물 표본. 몸 중앙에서 방사상 으로 뻗어 나온 난황 동맥 Vit가 원둘레를 따라서 머 리 쪽에서 심장 Cor로 되 돌아간다.

혈관망으로 유입되고, 원둘레를 따라 좌우에서 다시 심장관으로 되돌아가는 형태로 빙글빙글 순환하기 시작한다. 이는 부모가 물려준 '유산'인 노른자위를 통해 태아가 자라나고 하루가 다르게 성장해가는, '생명의 그물'이 드리워진 하나의 풍경이라고 말할 수 있다.

그런데 내 작업은 혈액 순환이 시작되는 사흘째, 정확하게 말하자면 이틀째 끝에서 사흘째 초에 걸쳐 개시된다. 모든 혈관계에 '먹물 주입'을 하려는 것이다. 생명의 혈관망을 먹물로 새까맣게 물들여서 도드라지게 보이게 한다([그림 11] 참조).

먼저 전구가 들어 있는 암상자 구멍으로 부란기에서 끄집어낸 알을 비추어보면, 껍데기를 통해 희미한 붉은 테두리가 투영되어 보인다. 노른자위의 혈관이다. 이는 순조롭게 발생이 진행되고 있다는 증거다. 이 상태에서 껍데기를 톡톡 쳐서 깬다. 40도로 똑같이 데운 식염수로 노른자위를 살포시 적신다. 그러면 꼭대기에는 혈관 테두리가 새빨갛게 떠오르고, 혈관망 중앙에는 작은 태아의 싹이 반투명 엷은 복숭앗빛으로 봉긋 솟아오른다. 육안으로는 보이지 않지만 이미 심장관은 천천히 꿈틀대기 시작할 것이다.

바로 이때부터 먹물 주입을 시작한다. 아주 가느다란 유리바늘을 심장관에 꽂고, 먹물이 태아와 난황 혈관에 골고루 퍼지게 한다. 물론 현미경을 이용하지 않으면 보이지 않는다. 내가 자나 깨나 알을 만진 이유는 시시각각 발생을 거듭하는 태아의 혈관계에 시간별로 먹물을 주입해서 포르말린 표본을 만들기 위해서

였다. 그런데 도대체 왜 이런 작업을 시작했던 것일까?

당시는 내가 인체해부학에 뜻을 둔 지 10년이 넘어 하나의 전기를 맞이하던 때다. 아울러 학문 모색에 몰두했던 30대 시절을 결산하는 시기이기도 했다. 사물의 성립 구조, 이른바 역사성을 해명하는 방향, 말하자면 '인체발생학'이라는 하나의 학문 영역 입구에 들어선 것도 온갖 시행착오의 결과였다.

하지만 왠지 동물에게도 마음이 끌렸다. 이는 인간 태아와 동물 태아가 발생 방식 면에서 불가사의할 만큼 흡사하다는 점이 늘 마음 한구석에 자리 잡고 있었기 때문이다. 이때 '개체 발생은 계통 발생을 반복한다'는 마치 주문과 같은 헤켈(Haeckel, 1834~1919, 독일의 생물학자이자 철학자—옮긴이)의 구절이 얼굴을 내밀고, 등 뒤에서 나를 뚫어져라 쳐다보고 있었다. 인체의 성립 구조를 알기 위해서는 역시 동물의 태아 세계도 그냥 지나치지 못할 것이다. 닭의 알에 손을 대고 육안으로는 보이지 않는 혈관에 먹물을 주입해서 연결망의 생성 방식을 알아보려는 것도 모두 이런 경위에서 비롯되었다.

하지만 당시에 유치하기 그지없는 내 방법을 하나의 학문 계보가 확실하게 이끌어주지 않았다면 어쩌면 내 뜻은 도중에 좌절되었을지도 모른다.

숲의 도시인 센다이(仙台)에서 지낸 두 번의 여름은 수많은 추억의 출발점이었다. 당시 도호쿠(東北) 대학교에는 우라 요시하루(浦良治, 1903~1992) 교수가 해부학 교실 주임으로 근무했다. 그는 일본 해부학의 시조인 니시 세이호(西成甫, 1885~1978) 선생의 후계자로 명실공히 일컬어지는 인물이다. 독일 예나(Jena) 대학교, 하이델베르크(Heidelberg) 대학교의 비교해부학 혈통이 지구를 반 바퀴 돌아서 일본으로 유입되었는데, 이 두 스승과 제자 대에 이르러 확실하게 자리 잡았다.

'비교해부학'이란 각종 동물을 계통적으로 해부하고 그 밑바탕에 있는 '구조의 원형'을 하나의 틀, 즉 스키마(schema)로 나타내는 학문이다. 우라 요시하루 교수는 비교해부를 척추동물의 성체에서 태아 단계까지 추진해나갔다. 여기에서는 다양한 발생 모양을 비교할 수 있어서 '비교발생학'이라고도 부른다.

척추동물의 각 종족, 즉 포유류, 조류, 파충류 등의 발생을 하나하나 관찰하는 것은 여간 힘든 작업이 아니다. 우선 알 채집부터 시작해야 한다. 알 채집을 위해 아주 오랫동안 직접 발로 뛰어다니며 개척한 채집지가 있었다.

원시 척추동물인 칠성장어는 데바 섬(出羽島)의 해산(海山) 산기슭에서, 경골(硬骨)어류인 옥새송어는 오매(青梅)의 외딴 마을에서, 양서류인 도롱뇽은 산인(山陰) 지방의 깊은 산 속에서, 파충류인 붉은바다거북은 도쿠시마(德島)의 해안에서 각각 채집한, 적어도 수백 개는 되는 알들을 조심스럽게 연구실로 옮겼다. 그리고 세심한 주의를 기울여 알을 키우면서 매일매일 변화를 관찰하고 발생 단계를 좇아서 시기별로 표본을 만들어갔다.

표본 제작은 채집과 사육보다 훨씬 더 힘들다. 보통은 포르말린 병에 담가두면 그것으로 끝나지만, 그 전에 앞서 소개한 먹물 주입을 해야 한다. 좁쌀만 한 작은 유생의 살아 있는 심장에 먹물을 혈관으로 넣는다. 아주 작은 심장 수술을 상상하면 된다. 서구 학자들이 100년 동안이나 이룰 수 없었던 기술이 마침내 확립되었다. 쌀알에 반야심경(般若心經)을 새겨 넣는 심정이라고 할까?

혈관계는 신경계와 함께 개체 구조의 뼈대를 이룬다. 골격계가 역학적인 기둥이라면, 혈관계와 신경계는 생물학적인 기둥이다. 상하수도와 전선이 도시를 지탱하는 것과 마찬가지로, 혈관의 발생 과정을 관찰하는 동안 몸의 성립 구조를 자연스럽게 알게 된다고 한다. 지난한 미세 주입에는 역시 그만큼 깊은 의미가 내포된 셈이다. 마치 곡예사와 같은 손재주와 이를 받치고 있는 비교발생학의 광대한 기반은 나를 호되게 훈련시켰다. 그 무엇과는 바꿀 수 없는 사랑의 매였으리라. 요컨대 어떻게 해서든 홀로서기하려는 나에게 닭의 생명에 먹물을 주입하는 작업은 아장아장 걸음마의 첫걸음을 뗀 중대한 일이었다.

그럼 부란기 속의 알 이야기로 다시 돌아가자. 알은 쑥쑥 잘 자라고 있었다. 사흘째에 접어들자 양막으로 둘러싸인, 반달 모양으로 성장한 몸에서 좌우로 뻗어 나온 동맥 가지가 노른자위의 북반구를 크게 덮기 시작했다. 난황의 혈관망은 태아의 몸에 영양을 전송하는 생명의 망이다. 이 생명의 운송 동력원으로써 목덜미 근처에 생긴 겨자씨 크기의 심장은 이미 육안으로도 확실하게 박동을 가해 새빨간 빛을 띠고 있었다. 이때부터 먹물 주입은 서서히 반응이 생기는데, 나흘째가 되면 두드러진 변화를 관찰할 수 있다.

알을 깰 때부터 긴장의 연속이다. 노른자위의 북반구는 이미 벌건 혈관으로 뒤덮이고, 그즈음 꼬리가 붙은 부위에 귀여운 풍선이 얼굴을 내민다. 이 장면이 굉장히 인상적이다. 앞서 육생 알을 설명하면서 소개한 요막이라는 태아의 방광이다. 요막 표면에도 혈관망이 독특한 모양으로 나 있다. 이 풍선 주머니는 껍질 가득히 부풀어 올라서 그 안쪽으로 밀착하여 혈관망을 통해 호흡을 영위하는데, 태아의 반투명 몸에도 복잡한 혈관의 그물코가 마치 대밭처럼 무성하게 퍼져 있다. 물론 핀셋 끝은 이들 어디에도 닿아서는 안 된다. 이렇게 작업에 들어가는 것이다.

우선 양막을 찢는다. 태아가 꿈틀댄다. 그다음 가슴의 얇은 막을 가느다란 핀셋으로 살짝 절개하면 거대한 심장이 소나기구름처럼 벌렁벌렁 얼굴을 내민다. 압도적인 박동이 바로 코앞에서 펼쳐진다. 심실이 새하얗게 오그라들면 심방이 검붉게 부풀어 오른다. 그러면 다음에는 반대 상황이 펼쳐진다. 훌륭한 시소게임이다.

드디어 먹물 주입이다. 우선 반나절 동안 갈고닦은 핀셋으로 동맥이 붙은 부위를 왼손으로 살짝 자른다. 심실에서 나온 바로 그 지점이다. 그다음 오른손으로는 유리바늘이 달린 작은 주사기를 준비한다. 잠시 마음을 가라앉히고, 눈을 반쯤 감고서 심실 벽에 바늘을 꽂는다. 동맥이 나오는 방향을 향해 정확하게! 이미 주사위는 던져졌다. 왼손에 든 핀셋을 바로 잡고 성난 심방 벽을 슬쩍 찢는다. 왈칵왈칵 거무칙칙한 정맥의 격류가 한가운데서 분출한다.

'당황하지 말아야지!'

환류(還流) 혈액이다. 여기에서 왼손에 든 핀셋을 가만히 내려 놓고, 대신 오른손으로 잡고 있던 주사기 피스톤을 왼손 집게손 가락 안쪽으로 살짝 누른다. '쭉쭉', 반응은 충분하다. 드디어 해 냈다! 그 순간 바로 눈앞에 보이는 작은 뇌 표면을 먹물의 그물 코가 획획 뛰어올라 가자, 다음 순간 정맥 길을 통과해 획 내려 온다.

한편 노른자위의 표면에도 먹물이 사방으로 퍼지고, 한 박자 늦게 요막 혈관이 천천히 검게 물들어 간다. 이처럼 하나로 이어 지는 장면이 꿈의 리듬처럼 전개되는 동안, 한 바퀴 돌아온 심방 의 힘찬 물줄기는 조금씩 검은 먹물로 치환되는 것이다. 먹물은 확실히 돌았다. 온 사방이 시커멓게 보이는 시야 안에서 나는 성 공을 확신하면서 더 열심히 피스톤을 누른다.

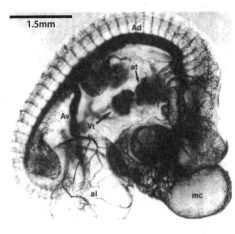

그림 12 닭의 배, 혈관 주입표본

부화 90시간. 심실 Vt에서 들 어온 먹물은 등쪽대동맥 Ad를 통과해 태아의 몸으로, 또한 난황 동맥 Av를 지나 노른자 위 표면으로, 더욱이 요막 al까 지 퍼져 나간다. 환류 혈액은 심방 at에서 밖으로 나온다. 먹 물 주입은 이 직후부터 어려 워진다. 거대한 중간뇌 mc와 안구, 물고기의 지느러미와 같 은 팔다리, 아가미 혈관인 Br 에 주의!

드디어 먹물 주입은 막을 내렸다. 남은 먹물을 닦아내고 노른자위의 얇은 막을 작은 가위로 동그랗게 잘라서 미니스커트처럼 태아에 붙인 다음, 아주 조심스럽게 포르말린이 든 유리 용기 안에 가라앉히는 것이다. 그럼 이제부터 천천히 성과를 지켜보자! 말할 수 없이 기쁜 쾌락의 순간이다.

나흘째 사건

드디어 부란기의 알은 나흘째로 접어들었다. 성장이 눈부시다. 한층 커진 구부정한 몸을 심하게 요동치면서 태아의 심장은 성난 파도처럼 일렁인다. 하지만 먹물 주입도 이에 뒤질세라, 신기할 정도로 순조롭게 진행되었다.

점점 표본이 늘어났다. 피로감이 몰려온 것은 바로 그즈음이었다. 아니나 다를까 사소한 실수가 점점 늘어나기 시작했다. 혈관에 상처를 내거나 바늘 각도가 어긋나거나 피스톤을 누르는 손가락에 힘이 너무 세게 들어가거나. 크게 실수하지 않더라도 뭔가 부족한 느낌이 떠나지 않았다.

'오늘은 이쯤 해서 마무리하자꾸나. 알은 얼마든지 있으니까. 시간도 충분히 겹치지 않게 준비했고, 오늘 분량은 내일 다시 시작하면 되지 뭐!'

나에게 이렇게 타이르면서 뒷정리를 시작했다. 하지만 왠지 미련이 남는다. 역시 마지막으로 하나 성공하고 가벼운 발걸음으로 집에 가야지! 하루를 멋지게 마무리할 요량으로 나는 또 하나의 알을 끄집어냈다.

아주 신중하게 작업을 진행한다. 정성스럽게, 조심스럽게 바늘을 꽂고 살짝 심방을 찢는다. 왠지 피가 더 거무튀튀하다. 그래도 여기까지는 순조로운 편이다. 피스톤을 누른다. 역시 2퍼센트 부족한 느낌이다. 아무래도 반응이 신통찮다. 언뜻 잘 들어간 것 같긴 하지만……. 오늘은 더는 안 되겠다. 극도의 피로감이 엄습했다. 나는 무거운 발걸음을 이끌고 집으로 향했다.

하지만 다음 날 아침은 시작부터 힘이 넘쳤다. 바늘도 새롭게 다시 만들고 먹물의 희석 과정도 충분히 음미했다. 어젯밤 실패한 나흘째의 마지막 알을 다시 끄집어냈다. 거듭 신중하게 조작하면서 차분하게 바늘을 꽂았다.

'아, 역시 실패다! 뭐가 잘못된 거지?'

그다음은 이미 시작 단계부터 실패로 돌아섰다. 조금씩 초조해지기 시작했다. 껍데기가 산더미처럼 쌓였다. 물론 아주 조금은 볼 만한 표본도 생겼지만, 실패가 너무 많았다. 역시 지난한 작업이었다. 고도의 테크닉이 필요했다. 하루아침에 성공할 수 있는 일이 아니었다. 나흘째가 이미 끝나가려고 했다.

나는 어느새 알 자체가 잘못되었을지도 모른다는 생각에 사로잡혔다. 왠지 심장이 약해지고, 혈액 흐름에도 생기가 느껴지지 않는다. 때로는 얼룩덜룩 피가 엉기면서 심장이 멈추기도 한다. 암상자에 들어 있는 단계부터 이미 조짐이 보이기 시작한다. 무엇보다도 껍질 색깔이 칙칙하다.

'맞아, 맞아! 이건 알이 이상한 거야! 그때 가져온 알은 몽땅 문제가 있는 알이었어. 뻔뻔한 아저씨 같으니!'

그 순간 어젯밤부터 맺힌 응어리가 순식간에 풀리는 것 같았다. 나는 곧바로 동물가게 아저씨에게 전화를 걸었고, 아저씨가 곧장 달려왔다. 하지만 그때 그 장면은 아무리 시간이 흘러도, 아마 평생토록 잊히지 않는 순간이리라. 일종의 관용을 빼닮은 미소를 머금고 아저씨가 입을 열었다.

"나흘째는 알이 약해집니다……."

나는 순간 화들짝 놀랐다. 이게 무슨 창피람!

"선생님, 아직 신참이신가 봐요!" 아저씨가 눈을 샐쭉했다.

"괜찮아요. 바로 쌩쌩해질 테니까요."

이렇게 말하며 아저씨가 유유히 사라지는 것이 아닌가! 참으로 태아의 발생은 다양하다. 발생 도중에는 산도 넘고 골짜기도 건너고 때로 위험한 시기가 있다는 사실도 이미 지난 두 차례의 여름 강의에서 충분히 숙지해두었다. 이것도 그 과정 가운데 하나일까? 하지만 그 아저씨……. 그럼에도 표본은 가지런하게 채워야 한다. 더 열심히 준비해야 한다.

'힘내야지!'

다시 마음을 가다듬고 처음부터 실패를 각오하고 알을 깨기 시작했다. 마침 그때가 쇠약 시기의 절정이었던 것 같다. 바로 이것이 약해진다는 의미일까? 숨을 몰아쉬며 이를 악물고 버티는 태아의 모습이 보였다. 문득 '질병'이라는 글자가 머리에 떠올랐다. 그렇다. 이는 일종의 병이었다. 발생 과정에 치르는, 일종의 질환이다. 병에 걸린 태아의 가슴을 찢고 심장에 바늘을 찔러댄다. 연구란, 이토록 피도 눈물도 없는 세계여야만 할까?

하지만 그 이상 생각할 여유는 없었다. 그저 더 열심히 연구에 몰두했다. 혈관계가 굉장히 민감한 상태였다. 심장에 닿기만 해도 온몸의 혈관 벽이 움찔하며 움츠렸다. 하지만 나는 조금씩 태아의 마음을 이해하기 시작했다.

당시 농반진반으로 먹물 주입은 일종의 소매치기 요령과 흡사하다고 생각했다. 태아 모르게 온몸의 혈액을 먹물로 슬쩍 갈아치우는 것이다. 하지만 이것은 상대를 속이는 것이 아니다. 어디까지나 상대방과 일심동체가 되어야 한다. 하나가 되지 않으면 결코 성공할 수 없다. 요컨대 태아의 마음이 되어본다는 것, 아니 자연스럽게 그런 마음이 될 수 있어야 성공하는 작업이다.

몇 년 후 '나흘째 사건'을 니시 세이호 선생에게 털어놓았다. 바로 그 순간 니체를 사랑하는 노(老)석학은 환한 표정을 지으며 말했다.

"19세기 메이지 시대의 소매치기 왕은 젯날 사람이 많이 모이는 자리에서 처녀의 발바닥을 어루만지는 척하다가 나막신을 슬쩍 했대요. 그 이전, 에도 시대(도쿠가와 이에야스가 에도에 막부를 개설한 1603년부터 도쿠가와 요시노부가 정권을 천황에게 반환한 1867년까지의 봉건 시대—옮긴이)의 소매치기 왕은 만담장에서 배꼽을 잡고 웃는 숫처녀의 속치마를 벗겼다고 합디다……."

안경 너머에 촌철살인의 엷은 빛을 발하면서도 온화함을 잃지 않는 당당한 목소리에 나도 모르게 이끌려서 우스개가 전혀 이상하게 들리지 않았다. 되레 그런 세계가 무척 친근하게 느껴졌다는 사실을 지금도 또렷이 기억하고 있다.

하지만 먹물 주입은 여전히 난항이 거듭되었다. 어찌 된 일인지 먹물이 드문드문, 띄엄띄엄 들어갔다. 더욱이 먹물이 들어간 부분은 넘쳐흘러서 온통 검은빛이지만, 먹물이 들어가지 않은 부분은 핏빛까지 앗아가서 흰빛으로 보였다.

특히 먹물 얼룩이 바깥쪽 '체벽'에 생겼을 때는 안쪽 '내장'에 아무런 변화가 없었고, 반대로 내장이 얼룩지면 체벽에는 전혀 변화가 없이 새하얘서 내장의 얼룩 모양이 투영되어 보였다. 요컨대 먹물은 안쪽 혹은 바깥쪽 어느 한쪽만 물들였다. 그야말로 엎친 데 덮친 격, 설상가상이었다. 어지간한 수단과 방법으로는 어림도 없었다.

하지만 막연하게나마 체벽과 내장의 양자택일 관계가 난항을 겪는 먹물 주입 실험에서 살짝 실체를 드러냈을지도 모른다는 생각이 끊임없이 맴돌았다. 분명 안쪽에도 바깥쪽에도 충분히 먹물이 들어간 것은 아주 드문 일이었다.

몇 년 후 내장과 체벽의 양대 순환이 이른바 철천지원수 사이라는 것을 나는 마음속 깊이 이해하고 깨닫게 되었다. 이는 예를 들면 마음이 따뜻한 사람은 손이 차다는 사실, 혹은 입욕은 식후 30분이 좋다는 상식의 학문적인 근거가 되는 이해인데, 이런 깨달음도 근원을 거슬러 올라가면, 먹물 주입의 혹독한 추억이 무의식의 기반으로 작용하기 때문이다.

알은 이미 바닥을 드러냈다. 부화한 지 100시간이 훌쩍 지났

1

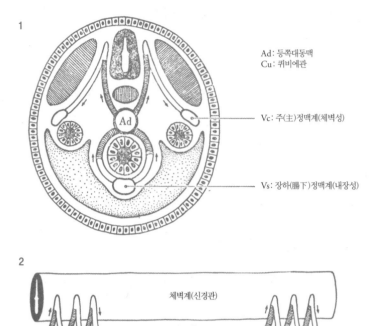

Ad: 등쪽대동맥
Cu: 퀴비에관

Vc: 주(主)정맥계(체벽성)

Vs: 장하(腸下)정맥계(내장성)

2

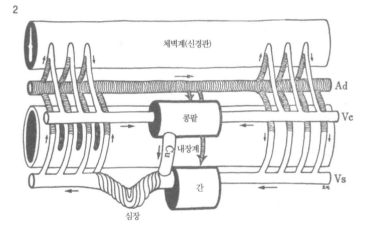

그림 13 내장 순환과 체벽 순환

내장 순환은 장관(腸管)에서 흡수된 영양물질을 장하(腸下)정맥을 통해 간에서 마무리하는
'동화성(同化性) 순환'이다. 체벽 순환은 신경관이 대표하는 체벽 조직의 노폐물을 콩팥에서
배설하는 '이화성(異化性) 순환'이다. 호흡은 특별히 장관의 가장 앞부분인 아가미장에서
이루어진다([그림 4], [그림 6]). 이 원시적인 순환 형태는 진화와 함께 뚜렷하게 변용된다.

다. 닷새째다. 표본은 그런대로 그러모아 보니 모든 혈관계를 망라할 만큼의 양을 갖추었다. 나는 한고비를 넘겼다는 만족감에 휩싸여 그날은 그렇게 마무리했다.

다음 날, 연구실에는 전날 밤의 여운이 여전히 남아 있었다. 바로 그날 아침 사건도 역시 평생 잊을 수 없는 대사건이리라.

알은 닷새째 후반이 되자 보기 좋게 부활하고 있었다. 암상자를 비추어 보기만 해도 전날 밤과는 전혀 다른 기운이 느껴졌다.

'역시, 아저씨 말이 맞았구나!'

알을 깨고 따스한 식염수로 옮길 때 태아의 박동이 전해졌다. 그다음 풍선처럼 뒤덮인 요막 주머니를 핀셋으로 살포시 걷어낸 순간, 나도 모르게 고함쳤다.

"우와, 세상에!"

거기에는 분명 '닭'의 얼굴이 고개를 쳐들고 있지 않은가! 전날 밤부터 쑥쑥 자랐다 하더라도 구부정한 몸체는 기껏해야 새끼손가락 크기 정도다. 하지만 꽤 봐줄 만한, 멋진 모습이다. 기존의 지느러미 같은 앞다리의 돌기는 분명 미래의 날개 방향을 노리고 있다. 입가는 누가 봐도 병아리의 부리다. 역시 닭이었다. 당연하다면 당연한 이야기겠지만. 그렇다면 어제까지 관찰한 것은 도대체 뭐지?

그때까지 나를 지탱해온 버팀목이 어느 날 갑자기 누군가의 손에 의해 해체된 것 같은, 일종의 허탈감을 나는 맛보았다. 그때 그 감정은 '스무 살을 넘기면 어엿한 성인'에서 느껴지는 어렴풋한 실망감과도 통하는 지 않을까 싶다.

한편 그 상태에서 먹물을 주입하면서 더 놀랐다. 바늘을 찌르자 먹물이 빨려 들어가듯 온몸으로 퍼졌다. 더욱이 그 흡입은 순식간에 심방까지 되돌아왔다. 나중에 안 사실이지만, 그때 이미 허파 순환의 지름길이 생기고 있었다. 서둘러서 그곳을 찌른다. 피스톤을 누르자마자 먹물은 태아의 온몸을 검게 물들이고, 몇 부분으로 나뉘어서 노른자위의 표면 적도까지 쭉쭉 내려가며 투명한 요막 주머니에 독특한 무늬를 유유자적 피워냈다.

'도대체 어떻게 된 일이지?'

전날 밤과는 너무 다른 모습에 망연자실했다. 시간상으로 계산하면 100시간에서 불과 몇 시간 지나지 않았다. 아니 실제로는 그 가운데 30분에서 1시간 정도밖에 되지 않을 것이다. 그 짧은 시간에 주입이 이렇게 쉬워지다니! 도대체 어디가 어떻게 변한 것일까? 마치 여우에게 홀린 듯했다.

한편 역시 닭이라는 사실을 느끼고 나니 허탈감은 아무래도 상관없었다. 어제까지의 사건이 마치 머나먼 꿈처럼 느껴졌다. 보통 태아의 발생은 성체의 얼굴 생김새가 갖추어지면 일단 숨 고르기에 돌입한다. 발생 속도는 이후에 급속히 쇠퇴한다. 혈관의 분화도 비슷하다고 보면 된다. 따라서 이 시점부터는 하루에 한 개체 혹은 두 개체 정도에만 주입해도 충분하다. 모처럼 술술 풀린다고 좋아했는데 …….

나는 이미 닭의 태아를 보고 있었다. 먹물은 깔끔하게 들어가지만, 이쯤 되면 혈관망은 복잡한 분화를 끝내고 완전한 대밭을 갖춘 셈이다. 작은 산과 같은 중간뇌 뇌포, 거대한 안구, 그리고 부리의 입가. 그야말로 조류의 태아다. 내일이면 앞다리는 멋진 날개 모양을 하고 있으리라. 마치 집게손가락을 펼친 것처럼.

먹물 주입은 여기에서 막을 내린다. 그리고 지금까지 제작한 표본 해부에 새로운 막이 올랐다.

상륙의 형상

혈관에 먹물을 주입한 표본의 해부는 미세한 핀셋과 초소형 가위로, 물론 현미경 렌즈 아래에서 진행된다. 우선 태아의 체벽을 조심스럽게 절개해나간다. 해부의 목표는 내장 혈관계에 있지만, 소화관을 육성하는 혈관의 생성 방식도 차례대로 관찰된다.

나는 지라의 발생이라는 문제에 초점을 맞추었다. 지라는 위의 왼쪽 끝에 숨겨진 주먹만 한 크기의 검붉은 덩어리로 여전히 베일에 휩싸인 장기다. 나는 실험을 통해 지라의 내력, 이른바 출처를 밝히고 싶었다. '지라는 소화관에서 나왔다'는 것이 당시의 가설이었다. 이유는 간단했다. 지라에서 흘러나오는 정맥혈이 간으로 들어가기 때문이라는 것인데, 간으로 들어가는 정맥을 갖춘 장기는 모두 소화기 계통에 속한다는 하나의 철칙이 있었다([그림 14]).

보잘것없는 내 생각은 오가와 데이조(小川鼎三, 1901~1984) 선생님의 따스하고도 든든한 지원을 받았다. 은사님은 느릿느릿 더디기만 한, 전혀 앞으로 나아가지 않는 제자의 불량한 연구 모습에도 추궁하지 않고, 유유자적한 눈빛으로 줄곧 지켜주었다.

드디어 때는 왔다. 꿈처럼 생각했던 '발생'의 세계로, 마침내 나아가게 되었다. 먼저 각종 동물의 지라 위치와 관련해 문헌 조사를 시작했다.

척추동물 가운데 가장 원시적인 종(種)에 해당하는 원구류인 칠성장어의 지라는 장관 벽에 파묻혀 전체로 퍼져 있고 거기에서 조혈한다. 이를 '장비(腸脾)'라고 부른다. …… 폐어류에서는 그 앞부분이 벽면으로 얼굴을 드러내고, …… 양서류 이상에서는 완전한 독립 장기가 되어 장관에서 밖으로 나온다. …… 인간의 지라는 위의 왼편에 매달려 있다.

베이징원인을 조사해 이름을 남긴 독일의 해부학자이자, 인류학자인 프란츠 바이덴라이히(Franz Weidenreich, 1873~1948)의 젊은 날의 묘사가 갑작스레 눈에 확 들어왔다. 위에 인용한 구절은 《비교해부학 전서》 가운데 조혈기(造血器) 장이다. 우선 지라는 장관에서 유래한다는 가설이 적중했다. 당시에 느낀 짜릿한 흥분이 지금도 선명히 남아 있다.

그리하여 '지라는 어떻게 고향인 장벽(腸壁)을 떠나갔을까?'라는 다음 질문으로 넘어갔다. 이와 관련해 나는 이미 머릿속에 하나의 도식을 그려두었다.

'바닷속 척추동물의 지라는 모두 장벽과 융합하고 있다. 그 극단적인 예가 칠성장어의 장비일 것이다. 한편 육상동물의 지라

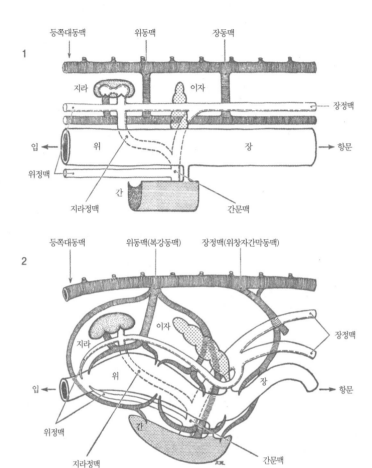

그림 14 지라의 정맥

내복부에는 위·장이라는 대롱 모양의 내장과 간·이자·지라라는 실질적인 내장이 들어
있다. 간과 이자는 장관(腸管)의 일부가 간은 배 쪽으로, 이자는 등 쪽으로 각각 흡수성과
분비성의 장기로 변신해서 생긴 것인데, 지라는 출처가 아직도 불명확하다. 위의 그림은 지
라의 정맥이 위의 정맥과 합류해서 간으로 흘러들어 감으로써(간문맥), 지라와 위가 기능
적으로 가까움을 나타낸 것이다. 2는 인간의 태아를 옆에서 조망한 그림이고, 1은 척추동물
의 일반형으로 [그림 15]의 4와 이어지는 그림이다.

는 모두 장벽에서 떨어져 나와 각각 장소에 독립한다. 이들 융합형과 독립형의 이행 형태가 폐어의 지라다. 요컨대 바다의 생명체는 장관과의 융합 지라, 육상의 생명체는 독립 지라!'

하지만 세상 모든 일은 도식대로 들어맞지 않는다. 이미 높은 장애물이 가로막고 있었다. 그 장애물이란, 근처의 물고기를 관찰해보더라도 지라는 모두 장벽에서 떨어진 독립 지라를 형성하고 있다는 점이다. 이 엄연한 사실 앞에서 나는 아등바등 괴로워할 따름이었다. 과연 융합 지라를 가진 어류는 없을까?

꿈속에서 친한 학생 하나가 물고기를 손에 들고 서 있다. 변모한 지라라고 한다. 나도 모르게 벌떡 일어난 것도 바로 그즈음의 일이다. 지금 생각해보면 당시의 내 머릿속에는 고대 물고기도 근대 물고기도 뒤죽박죽 뒤섞여 있었다. 바꿔 말하면 인간이 가장 고등 동물이고, 원숭이가 그다음, 네발 이하는 하등 동물이라는 지극히 세속적인 생각을 하고 있었던 것이다. 따라서 가장 하등인 어류의 지라는 당연히 원시적인 융합형이어야 한다고 믿었다. 어류의 지라가 인간과 같은 독립형이라는 사실을 왠지 인정하고 싶지 않았으리라.

하지만 이런 혼란 속에서 참고문헌에서 확인한 칠성장어와 폐어의 지라는 항상 북극성처럼 저 멀리에서 나를 끊임없이 지켜주었다. 이런 물고기가 역시 현실에 존재하지 않을까? 결과적으로 이 질문이 비교발생학의 길을 비추어준 셈이다.

발생을 살펴보자. 육상동물의 지라는 발생 초기에 모두 장관에 들러붙어 있다. 이것이 점차 독립해나간다. 나는 그때 거의 직관적으로 이 장소의 '혈관'을 소홀히 여겨서는 안 된다고 생각했다. 지라만을 따로 떼 내어 관찰하는 것은 바람직하지 않다. 혈관의 '끄나풀'로서 지라를 보기 위함이다. 애초 출발점이 이 장기의 '정맥'이 아니었던가!

이렇게 해서 도서관 출입이 시작되었는데, 아무리 찾아봐도 지라의 발생을 해당 장소의 혈관과 함께 관찰했다는 연구는 없었다. 서구 선진국의 연구를 살펴보면 혈관의 발생 자체를 몰랐음을 알 수 있었다. 그도 그럴 것이 모든 열쇠를 쥐고 있는 미세 주입의 실험 기법이 아직 발달하지 않았기 때문이다.

그즈음 나는 우라 요시하루 교수를 만났다. 이는 필연의 만남이었다고 해도 무방하다. 우라 교수는 지라 발생과 지라 위치의 혈관 발생은 무엇보다 장수도룡농의 색소 주입 표본으로 관찰해야 가장 확실히 알 수 있다며 완벽한 발생 표본 시리즈를 아낌없이 제공해주었다.

꿈에서까지 등장한 '지라의 유리'가 마침내 눈앞에 나타났다. 이는 '아가미의 퇴화'가 시작되는 초기 1개월 때 관찰되는데, 이때 지라는 위의 날문 부분의 등줄기에서 해당 장소로 '새로운 정맥'을 낳고 천천히 멀어져 간다.

그 당시의 관찰 기록은 오가와 데이조 선생님의 회갑연에 헌정한 나의 처녀 논문이 되었다. 이는 결정적인 사건이었다. 지라의 유리는 역시 현실에 존재했다. 이때 지라는 조혈 기능을 육상 보행을 위한 네 다리의 골수에 이양하고 자신은 오늘날의 독립 지라의 모습으로 변모해나간다. 이는 동물이 바다에서 육지

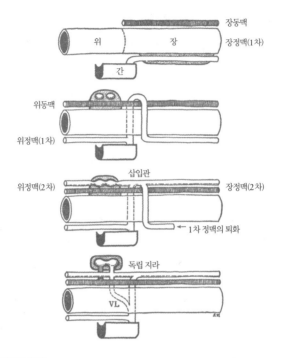

위

장

장동맥

장정맥(1차)

간

위동맥

위정맥(1차)

삽입관

위정맥(2차)

장정맥(2차)

1차 정맥의 퇴화

독립 지라

VL

그림 15 지라의 유리

지라는 원래 장관의 등줄기에서 발생한 조혈소(造血巢)로 그 자리의 동맥 가지를 에워싸고
있지만, 이는 이후에 새로운 정맥을 낳는다. 우라 요시하루 교수는 동맥 반대편에 생긴 오
래된 정맥(1차 정맥)이 동맥과 같은 편에 생긴 새로운 정맥(2차 정맥)에게 주권을 빼앗긴
모양을 척추동물의 모든 정맥계에 대해 계통적으로 나타냈는데, 지라는 장관에서 정맥 혁
명의 중심요소로 보인다.

를 향해 상륙을 시작하는 변태 초기에 이루어진다. 예상대로 척
추동물의 '상륙'과 떼려야 뗄 수 없는 관계가 있었던 것이다.

내가 닭의 배에서 찾으려고 한 것은 물론 지라의 유리 사실이
었다. 장수도롱뇽과 비교해서 닭은 어디가 어떻게 달라질까? 이
것이야말로 비교발생학의 묘미 아닐까? 지금까지 서술한 달걀

과의 기나긴 교제는 바로 여기에 그 참뜻이 있었다.

그런데 유리되는 시기는 이미 타깃이 정해져 있었다. 마지막 120시간 단계에서 틀림없이 지라가 떨어져 있으리라. 그 시작은 사흘째 50시간 즈음, 혹은 좀 더 늦어질까? 나는 두근두근 기대하면서 또 가슴을 조이면서 사흘째 중반의 표본에서부터 하나씩 차례대로 해부를 진행해나갔다.

예상은 빗나가지 않았다. 나흘째 저녁부터 시작해서 다음 날 한낮이 지나자 이미 끝났다. 불과 24시간도 채 걸리지 않았다. 장수도롱뇽과 마찬가지로 닭의 지라는 위의 날문 부분의 등줄기에서부터 앞서 소개한 정맥을, 닭의 경우에는 '아주 빠르게' 낳고 저 멀리 멀어져 갔다. 문제의 100시간 즈음에는 이보다 더한 압권은 없으리라. 바야흐로 위벽에서 떨어져 나가기 바로 직전의 광경이 되풀이되고 있었다.

노르망디 상륙 작전……, 상륙이다! 여기에서 닭은 상륙의 꿈을 꾸고 있었다. 숨을 몰아쉬는 모습은 상륙의 꿈을 몸소 재현해준 것이다. 내 머릿속에는 거대한 회오리가 일면서 온종일 출렁거렸다. 이는 내 연구 인생에서 난생처음으로 경험한 감동이었다. 그날의 감동이 잦아들기까지는 거의 한 달이라는 시간이 필요했다.

당시 오차노미즈(お茶の水)에 위치한 도쿄의과치과대학교의 해부학 교실에 근무했는데, 교실 복도를 매일 몽유병 환자처럼 왔다 갔다 하면서, "닭은 나흘째부터 닷새째 사이 24시간 안에 상륙한다!"고 말하며 연구실에 여러 사람을 불러들여 현미경을

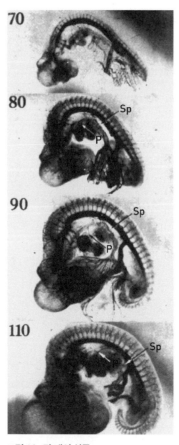

그림 16 닭 배의 상륙

숫자는 시간. 100시간은 생략.

P: 허파정맥, Sp: 지라 발생.

들여다보게 했다.

그러던 어느 날 고생물학자이자 화석 연구의 대가인 이지리 쇼지(井尻正二, 1913~1999)가 내 방에 이끌려왔다. 현미경을 보자마자 안경 너머로 온화한 빛을 발하면서 이렇게 말했다.

"더할 수 없이 작은 세계에 억(億)의 세월이 담겨 있다니, 정말 놀랍군요. 대비(contrast)가 훌륭합니다."

지구의 과거를 향해 오직 대지를 파헤쳐온 장인만이 가진, 넘칠 것 같은 생생한 눈빛이 빛났다. 고생물학의 세계가 필연적인 현실이 되어서 급속하게 내 안에 펼쳐지기 시작했다. 24시간의 의미가 온종일 내 머릿속을 맴돌았다. 이는 앞에서도 서술한, 고생대 끝자락의 1억 년에 걸친 척추동물의 상륙 드라마인, 그야말로 하나의 환상임이 분명했다. 나는 이 '환상'이라는 단어에서 말할 수 없이 오묘한 세계를 감지했다.

동물학을 전공하는 T가 늘 그랬듯 진지한 표정으로 나를 찾아온 것은 바로 그 무렵이었다. 손에는 책 한 권을 들고 있었다.

"선생님, 조셉 니덤(Joseph Needham, 1900~1995, 영국의 생화학자이자 과학사학자―옮긴이)이 1930년에 비슷한 결과를 발표했던 것 같습니다."

나는 순간 머리에 벼락을 맞은 것 같았다. 나도 모르게 고개를 쑥 내밀고 책에 시선을 고정했다. 작은 그래프에 삐죽삐죽 솟은 곡선이 눈에 띄었다. 조셉 니덤은 건조 분말로 만든 닭 배의 질소화합물을 매일 저울에 달아보았다고 한다. 그래프 위에는 나흘째를 정점으로 급강하하는 암모니아(ammonia)와 반대로 나흘

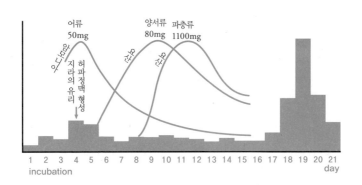

그림 17 조셉 니덤의 연구
발생생화학의 선구자이기도 한, 조셉 니덤의 초기 대표 저서인 《화학적 발생학(Chemical embryology)》(1931)에는 헤켈이 1866년에 제창한 '개체 발생은 계통 발생을 반복한다(Recapitulation)'를 화학적으로 증명한 연구 결과가 소개되었다. 제2차 세계대전 후, 조셉 니덤은 동양에서의 과학의 의미에 관심을 두고 《중국의 과학과 문명(Science and Civilization in China)》이라는 중국 과학사 연구서를 집필하여 과학사학자로도 명성을 떨쳤다.

째부터 급상승하는 요소(尿素)의 두 곡선이 교차하고 있었다. 전자는 물고기, 후자는 개구리의 오줌과 동일하다고 한다. 닭의 배는 나흘째를 경계로 어류를 포기하고 양서류가 되기 시작한 것이다.

아뿔싸! 나는 보기 좋게 메치기 당한 기분이었다. 조셉 니덤이라는 걸출한 학자는 이미 오래전에 알고 있었다.

'아무리 그래도 저울 하나로 엄청난 일을 해내다니!'

나는 그때 질투와 선망, 적대와 우애가 뒤섞인 일종의 만감을 맛보았다. 그리고 동시에 장엄한 감동을 경험한 사람이 이 지구에 나 말고도 또 있다는 사실에 말로 표현하기 어려운 평온함을 느꼈다.

어느새 폭풍우는 잦아들고, 다시 표본으로 돌아가 차분한 흥분을 되살려 보았다. 새삼 표본을 바라본다. 당연하다면 당연하겠지만, 아가미 언저리가 특히 인상적이다. 다섯 손가락을 힘차게 구부린 것 같은 아가미 혈관이 앞에서부터 하나둘 사라지고 나흘째에는 나머지 세 개의 가장 뒤에서부터 마치 덩굴처럼 허파의 혈관이 하나로 뻗어 나가 그물코를 만들고 이것이 크게 심방으로 향해 흘러들어 간다. 바로 허파정맥이다. 여기에서 허파순환이 시작된다. 그리고 이때 심방으로 먹물이 눈 깜짝할 사이에 되돌아온 것이다.

그런데 결과물을 놓고 보면 허파정맥은 생각보다 훨씬 빨리 생긴다. 여전히 아가미 혈관이 남아 있을 때부터 허파정맥이 모습을 나타내기 시작한다. 이는 아가미 호흡과 허파 호흡이 공존하고 있음을 여실히 증명해준다. 앞에서 우리가 살펴본, 고생대 데본기에 척추동물의 조상이 육지와 바다 사이에서 1억 년의 세월을 보냈다는 사실이 바로 이 시기에 해당하는 것일까?

이렇게 해서 아가미는 점차 사라지는데, 목덜미에 예리하게 새겨진 틈도 함께 사라지기 시작하고 닷새째 말미에는 앞쪽 끝부분을 귓구멍으로 남기고 모두 닫힌다. 드디어 '상륙의 형상'이 하나의 종언을 맞이하는 것이다.

제2장
태아의 발생

태아의 얼굴

달걀 껍데기 안 작은 공간에는 척추동물의 유구한 시간이 고스란히 담겨 있다. 특히 나흘째부터 닷새째에 걸친 24시간에는 고생대 말기의 1억 년을 공들인 상륙 드라마가 훌륭하게 응축되어 있었다. 이는 하나의 상징극이라고 부를 만한 작품이었다. 지라 연구는 어느새 '상륙의 재현'이라는 문제로 발전하고 있었다.

태아 발생에 관한 다양한 문제는 오늘날까지도 의견이 분분하다. 하지만 일단 상륙의 현실을 직접 목격한다면 그 어떤 논쟁도 쉬이 사라질 것이다. 그도 그럴 것이 누구나 끝을 알 수 없는 깊고 넓은 태아의 세계에 자신도 모르게 끌려 들어갈 테니까.

바로 그즈음부터 내 머릿속에는 태아 시기의 장엄한 드라마를 모든 척추동물 계통에서 확인해보자는 은밀한 꿈이 조금씩 싹트기 시작했다. 이미 양서류와 조류는 그 한 단면을 살짝 엿보았다. 그렇다면 파충류는 어떻게 될까? 그리고 포유류는……. 더욱이 같은 양서류라도 종에 따라서 상륙 속도가 달라질 것이다. 동물의 진화와 그 모습은 어떤 관계가 있을까? 꿈은 한없이 부풀어갔다. 이렇게 해서 불혹의 이정표는 저절로 세워졌다.

이와 관련된 관찰의 기록은 뒤에서 거듭 소개하겠지만, 척추동물의 유생이나 태아와 매일 마주하면서 항상 어떤 한곳을 목표로 하고 있다는 사실을 물론 간과하지 않았다. 바로 그 한곳이란, '인간이라면 어떻게 전개될 것인가?' 하는 문제다. 어쩌면 이 문제는 인간이 품고 있는 가장 근원적인 물음인지도 모른다.

역시 인간의 태아를 직접 보고 싶다……. 이는 처음 지라 연구를 시작했을 때부터 염두에 둔 과제였다. 그리고 이 과제는 태아의 먹물 주입이라는 문제에 다다를 수밖에 없다. 태아를 실험하는 모습이 꿈에 자주 등장했다. 인간 태아의 심장에 바늘을 찌른다. 그런 나를 지켜보던 구경꾼이 이렇게 혀를 차며 말한다.

"쯧쯧, 너무 끔찍한 일을 저지르는구먼!"

태아를 대상으로 한 실험 문제는 의식의 한 귀퉁이에서 자문자답을 되풀이했다. '할 수 있다, 할 수 없다'의 문제가 아니다. 해야만 하는 것이다. 어느새 인간 태아의 먹물 주입은 나에게 숙명적인 의무로 변모했다. 그러려면 심장이 움직이는 태아를 구해야 한다. 하지만 이 시기의 태아는 행인지, 불행인지 임신 중절 수술 때 자주 볼 수 있다. 다만 상처가 없는 태아는 아주 드물다. 오직 전문의의 호의에 달려 있기 때문에 언제 태아를 볼 수 있을지도 알 수 없다. 그때를 대비해 물심양면으로 준비해야 한다. 먹물 주입의 도구 일체는 필요할 때 바로 꺼낼 수 있게끔 책상 위, 작은 플라스틱 상자 안에 가지런히 담아두었다. 연구실에는 '첫날밤'을 맞이하는 분위기가 감돌았다.

그 첫날밤은 생각하지도 못한 날에 찾아왔다. 막역한 친구 A가 어느 날 갑자기 헐레벌떡 숨을 몰아쉬며 태아를 들고 찾아온 것이다. 요술 항아리 바닥에는 마리모(marimo, 가느다란 솜털이 한데 엉킨 듯한 공 모양의 희귀 녹조류―옮긴이)처럼 생긴 구슬이 담겨 있었다. 엷은 복숭앗빛 표면에는 융모로 보이는 것이 바닷말처럼 흔들리고 있었는데, 지금도 그때 그 순간이 마치 머나먼 꿈처럼 떠오른다.

당시 내가 태아를 받아들고 작업했던 기억은 마치 백색 섬광에 노출된 흑백 필름처럼 여기저기로 흩어져 버렸다. 동그란 마리모의 북반구를 가위로 밥그릇처럼 도려낸 일……. 안에서 양막 주머니가 풍선처럼 모습을 드러낸 일……. 띄엄띄엄 희미한 장면 가운데 딱 하나, 섬광을 오롯이 받은 나의 분신과 같은 생명이 번쩍 빛나는 수술대 위에서 심장 박동을 힘차게 펌프질하고 있다. 내 뇌리에는 그 강렬한 영상만이 선명하게 새겨져 있을 뿐이다.

그때 내 머릿속은 텅 빈 상태였으리라. 차분하게 앉아 먹물을 주입할 수 있는 상태가 아니었다. 바늘은 엉뚱한 방향으로 춤추고, 먹물은 공허하게 내뿜었다. 실험의 세계와 나 자신 사이, 눈에 보이지 않는 균열이 생기기 시작한 것은 바로 그즈음이 아니었을까.

태아를 기다리는 동안, 당시 연구 순서대로라면 파충류인 붉은바다거북의 먹물 주입을 마친 뒤에 포유류인 토끼의 먹물 주입에 몰두해야 했다. 이때 임신한 어미 토끼를 실험 대상으로 삼으려 했는데, 토끼의 자궁을 열고 그 자궁 안에서 태아를 끄집어내야 했다. 하지만 연구를 더 진행할 당위성을 잃어버렸다. 실은 우리 집에 새로운 생명이 아내의 배 속에서 자라고 있었기 때문이다. 천직으로 여겼던 해부의 세계가 또렷이 멀어져 가는 모습을 멀거니 바라보는 내가 그곳에 있었다.

이런 개인적인 사정과는 별개로 태아의 표본은 연구실 지인들의 따스한 배려 덕분에 차곡차곡 모이고 있었다. 포르말린 액체로 고정한 표본은 선반 안쪽에 살포시 놓였다. 단지 그뿐이었다. 그러나 나는 보일 듯 말 듯한, 태아의 아삼아삼한 옆모습에서 어느새 상륙의 발자취를 더듬고 있었다. 틀림없이 수정 30일 쯤부터 40일 즈음까지인 대략 열흘 정도의 기간에 초점을 맞추었지만, 그 이상의 검토를 위해 표본병에서 태아를 끄집어내서 만천하에 드러내는 일은 전혀 하지 않았고 할 마음도 차마 들지 않았다.

오차노미즈에 있는 도쿄의과치과대학교에서 우에노(上野)에 있는 도쿄예술대학교로 연구실을 옮긴 것은 그 무렵의 일이었다. 이전에는 도쿄예술대학교에서 일주일에 한 번 강의했는데, 몇 년 후에는 우에노 쪽으로 완전히 직장을 옮기게 되었다. 울창한 숲으로 뒤덮인 우에노 캠퍼스에서는 일본 근대 미술계의 지도자이자, 도쿄예술대학교 설립에 참여한 오카쿠라 덴신(岡倉天心, 1863~1913)을 원류로 삼는 하나의 흐름이 시대의 큰 파도에도 아랑곳하지 않고 여전히 살아 숨 쉬는 모습을 엿볼 수 있었다. 그런 풍취를 보는 것이 커다란 즐거움이었다. 마치 수행을 하는 듯한 분위기가 나와 본능적으로 맞다고 느껴졌다.

또한 거기에는 '생명의 형태학' 이야기를 매회 1시간 30분 동안 떠드는 선생의 얼굴을, 울타리 너머에서 진기한 짐승을 응시하는 소년의 눈빛으로 바라보는 젊은이들이 있었다. 이따금 질문하겠다는 명목을 대며 다가온 까닭은, 그저 좀 더 가까이에서 그 생물체의 형태를 관찰하기 위함이었던 것 같다.

하지만 이 과정에서 생명의 형태학 선생을 의사로 인정한 그들은 상당히 현실적인 질병 상담을 위해 나를 찾았다. 이렇게 해서 1973년 도쿄예술대학교에 보건관리센터가 개설되었을 때 '가장 어울리는 의사'로 추천되기도 했는데, 사실 새로운 일터는 내게 혹독한 시련의 장이었다. 그도 그럴 것이 줄곧 강의해온 '생명론'의 진가를 묻기 시작했기 때문이다. 말하자면, 새 직장은 강의 실습의 장이 되었던 셈이다.

이때 뜻밖에도 대학 당국에서는 새로운 수업을 나에게 맡겼다. '성(性)'이 조합된 '보건' 강의였다. 순간 움찔했다. 하지만 가만히 생각해보면 보건관리센터의 의사로서는 당연한 의무일지도 모른다. 그때 나는 수정의 메커니즘이 도덕의 에두른 표현으로 포장된 수업 풍경을 퍼뜩 떠올렸다. 그렇다면 칠판에 분필로 생식기의 그림을 그리라는 말인가? 예전에는 거의 문제로 삼은 적이 없었던, 터놓고 말하기 불편한 과목의 커리큘럼으로 성과 보건을 접하게 된 것이다.

'과연 내가 할 수 있는 강의는 무엇일까?'

하지만 이 물음에 대한 답은 이미 나와 있었다. 이와 관련해서는 이어지는 제3장에서도 자세히 소개하겠지만, 본디 '성의 영위'란 다음 세대의 생(生)을 제쳐놓고서는 아무것도 논할 수 없다는 사실에 주목했다. 요컨대 임신의 진상 해명 없이 성을 말할 수 없다. 바로 그것이다! 모태의 그윽하고 장대한 드라마를 젊은 이들과 함께 살펴보자. 오랜 연구 성과가 어쩌면 여기에서 이렇게 진가를 발휘하겠구나!

여기에서 나는 하나의 문제에 직면했다. 역시 이 강의는 '시각에 호소하는 쪽이 훨씬 효과적이지 않을까?' 하는 문제였다. 이 문제를 해결하기 위해서는 지금까지 회피해온 인간의 태아를 공개해야만 한다. 어떤 방법이 있을까? 이는 의학부 수업이 아니다. 시간도 한정되어 있다. 그렇다면 영상에 의존할 수밖에 없지 않을까?

사진을 찍자! 태아가 시시각각 모습을 달리하며 1억 년의 드라마를 재현해가는 장면을 사진으로 포착하자. 아가미가 사라지고 지느러미가 손으로 변모하는, 얼굴과 손의 변화상을 확실히 보여줄 수 있다면 그것으로 목적은 충분히 달성될 것이다.

하지만 태아의 얼굴을 떠올리면서 나는 절망적인 문제 앞에 마주 섰다. 태아는 좀처럼 얼굴을 보여주지 않는다. 가슴에 얼굴을 파묻은 구부정한 자세에서는 옆모습이라고 해도 목덜미밖에 보이지 않는다. 이 드라마의 진수는 얼굴의 정면에 담겨 있는데……. 나는 태아의 얼굴을 정면에서 관찰한 적이 단 한 번도 없었다. 외국 전문 서적에 기재된 몇몇 삽화가 유일한 근거 자료였다. 얼굴을 봐야 한다. 그것도 똑바로 정면에서.

문제는 어느새 나 자신의 문제로 치환되어 있었다. 나의 뇌는 도저히 피해갈 수 없는 일이 내 주위를 맴돌고 있다는 사실을 더는 묵인하지 않았다. 그것은 생각 자체를 무의식적으로도 회피해온 행위, 바로 태아의 목을 자르는 일이었다.

해부학의 세계는 '절단' 행위를 토대로 성립된다. 그 당시에 이미 20년의 세월을 해부학과 함께한 나였기에, 무엇인가를 자르는 행위에 관한 감수성이 보통 사람보다 훨씬 무뎌졌다는 것은 분명한 사실이었다. 하지만 태아 해부만큼은 내 몸이 거부했다. 솔직히 무서웠다.

'정말 반드시 꼭 절단해야 할까?'

바쁜 업무 시간에도 책상 정면에 가지런히 한 줄로 늘어세운 태아의 표본병과 마주하며 짬짬이 자문자답하는 날이 이어졌다. 그런데 수많은 질문 가운데 애써 외면한 질문이 딱 하나 있었으니…….

'넌, 정말 이 깨끗한 표본을 망가뜨리는 것이 안타깝지도 않니?'

이 물음은 사고의 아킬레스건을 면도날로 절단하는 것과 같은 치명적인 질문이었다. 그만큼 나의 대뇌피질은 혼란이 극에 달해 있었다.

여름방학도 거의 막바지에 다다랐다. 강의는 9월에 집중적으로 진행된다. 슬슬 근접 촬영을 시작해야 할 시간이다. 책상 앞의 표본병은 이미 반년 이상이나 쭉 늘어선 채 그대로다. 좁디좁은 공간 안에서 하루하루 거듭되는 마음의 갈등을 모두 삼키듯이, 조용히 숨죽이고 있던 태아들의 모습이 어느새 나에게 말을 걸어오고 있음을 나는 온몸으로 느낄 수 있었다.

그러던 어느 날 울창한 나무숲으로 뒤덮인 창가에서 문득 손을 내밀어 32일째의 표본병을 가만히 빛에 비쳐 보았다. 우레와 같은 매미 소리가 귀를 때렸다. 반투명의 주옥같은 몸이 액체 속에서 살짝 흔들렸다. 덮개를 열고 깨끗하게 씻은 샬레의 포르말린 용액 속으로 조심스럽게 태아를 옮겼다. 절단은 아주 수월하게 진행되었다.

마침내 기우뚱 쓰러지며 용액 속을 나풀 떨어지는 참깨만 한 태아의 머리……. 바로 그 순간 태아의 얼굴이 아주 잠깐이지만 나를 향하고 있는 모습을 나는 놓치지 않았다.

'상어다!'

나는 너무 놀란 나머지 잠시 숨을 멈추었다. 역시……. 쌍안현미경 통에 눈을 찰싹 붙였다. 샬레 바닥에 드러누운 머리는 마치 푸딩처럼 부드러웠다. 상처도 나지 않았다. 핀셋으로 차분하게 얼굴을 내 쪽으로 향하게 했다. 그리고 다시 바라보았다. 그 얼굴은 분명……, 상어의 얼굴이었다. 역시 그랬구나!

표본병은 닥치는 대로 뚜껑이 열렸고, 아울러 태아는 샬레 속으로 끊임없이 이동했다. 34일, 35일, 36일 그리고 38일. 내 손은 뭔가 다른 생명체처럼 정신없이 움직였다. 무차별한 전쟁터 같은 광경이 눈앞을 스쳐 지나갔다.

36일째의 얼굴이 나를 향했을 때, 심장이 멈췄다. 파충류의 얼굴이 거기에 있었다. 이것은 고대 파충류인 '투아타라(tuatara)'의 얼굴이 아닌가!

38일째의 얼굴이 나를 향했을 때 나는 짐짓 의연해졌다. 사자의 거대한 콧등이 내 눈앞에 불쑥 모습을 드러냈다. 이는 분명 동물의 얼굴이다. 그것은 이미 포유류의 얼굴로 변신해 있었던 것이다.

수정 1개월의 초상

태아는 수정 당일부터 손꼽아 헤아려 30일이 지난 후, 불과 일주일 동안 1억 년을 공들인 척추동물의 상륙 역사를 마치 꿈처럼 재현한다. 이후에 소개할 그림들은 당시의 연필 스케치를 보고 다시 그린 점묘화다.

[그림 18]은 32일째 태아의 머리 부분을 정면에서 스케치한 그림으로, 오른쪽에 있는 것은 왼손 그림이다. 이 그림에서 무엇이 연상되는가? 잠시 내 심장을 멎게 한 바로 그 얼굴이다.

먼저 목의 절단면 양쪽으로 가지런하게 늘어선 일련의 틈을 살펴보자. 그 갈라진 틈으로 분명 '아가미틈'의 형상이 선명하게 떠오르지 않는가? 가로로 찢어진 입에 이어서 오른쪽에 네 개, 왼쪽에 다섯 개가 각각 식별된다. 만약 혈관에 먹물을 주입했다면 이 틈을 경계로 구분된 돌기, 즉 '아가미활'의 안쪽으로 선명

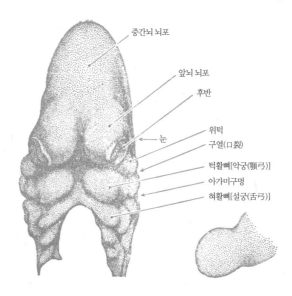

중간뇌 뇌포

앞뇌 뇌포

후반

눈

위턱
구열(口裂)
턱활뼈[악궁(顎弓)]
아가미구멍
혀활뼈[설궁(舌弓)]

그림 18 수정 32일
이른바 임신 2개월 후반으로, 생리가 멈추기 때문에 임신을 자각하기 시작한다. 아가미와 원시 허파([그림 21])가 공존하는 데본기 초기, 육지와 바다라는 양자택일의 갈림길에 선 고대 어류의 시기. 몸길이는 팥알 크기.

한 포물선을 그리며 달리는 아가미 혈관을 확인할 수 있을 것이다. 또한 신경섬유를 파란 색소로 물들였다면 혈관과 나란히 달리는 아가미 신경이 마치 갈비뼈처럼 투영되어 보일 것이다.

'자, 보아라! 우리의 조상은 아가미를 가진 물고기였다!'라고 태아는 자신의 몸을 던져 이 분명한 진실을 사람들에게 호소하고 있는 듯하다. 독자 여러분은 이토록 박진감 넘치는 무언극을 절대 피하지 말고 관람해주었으면 한다. 입 아래쪽이 물고기의 형상을 빼닮았다면, 입 위쪽은 무엇이라고 묘사하면 좋을까? 포도송이와 같은 돌기, 그 정점에서 포문을 연, 달 표면의 움푹 파인 분화구(crater). 이것은 대뇌와 코의 출발점인 앞뇌 뇌포와 후반(嗅盤)이다. 앞뇌 뇌포는 나중에 인류를 상징하는 거대한 대뇌반구가 된다. 반면에 후반은 코 천장으로 깊숙이 들어가서 암모니아의 찌르는 냄새를 받아들인다. 이와 같은 사실에서 본디 코는 중추신경의 말단과 밀접한 관련을 맺고 발생한, 최첨단 감각기관이라는 사실을 추측할 수 있다. 코의 위치는 어류 이상 모든 척추동물을 통틀어 보아도 얼추 비슷하다. 특히 포유류의 경우, 입술과 함께 몸의 앞부분으로 돌출되어 내장계의 영양문에 대한 체벽계의 감각문을 구성한다([그림 4], [그림 6], [그림 8] 참조).

한 쌍의 앞뇌 뇌포가 향하는 쪽에는 커다란 중간뇌 뇌포가 우뚝 솟아 있다. 중간뇌 뇌포는 후반 뒤쪽에 희미하게 모습을 드러내는 눈과 밀접한 관련을 맺고 있다는 점에서, 앞뇌를 '후각 뇌'라고 한다면 중간뇌는 '시각 뇌'가 된다. 포유류의 경우, 시각을 관장하는 뇌는 중간뇌에서부터 앞뇌 사이에 있는 사이뇌로 거처를 이동하고, 발생 초기의 중간뇌 뇌포는 퇴화해서 대뇌반구에 뒤덮인다. 마지막으로 얼굴 오른쪽에 있는 손을 살펴보자. 언뜻 보기에는 물고기의 지느러미와 흡사하다. 한때 세상을 떠들썩하게 했던 탈리도마이드(Thalidomide)라는 약물 부작용으로 생긴 기형아를 떠올리게 한다.

[그림 19]는 이틀 뒤인 34일째의 태아로, 갑작스레 하나로 정리된 모양이 나타난다. 하지만 아직 얼굴이라고 말하기에는 뭔가 엉성하다. 이는 도대체 어떤 얼굴일까? 우선 입 위쪽으로는

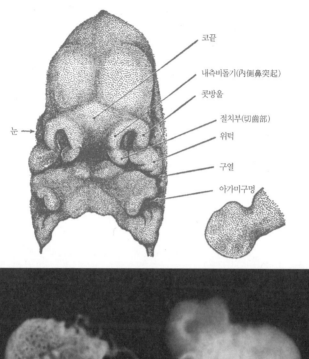

코끝

내측비돌기(內側鼻突起)

콧방울

절치부(切齒部)

위턱

눈 →

구열

아가미구멍

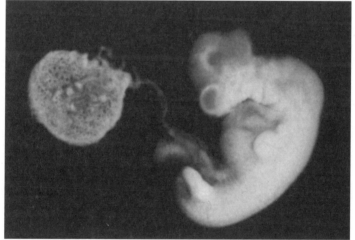

그림 19 수정 34일

콧방울의 안쪽 능선인 '내측비돌기'와 위턱의 우뚝 솟은 '위턱돌기'가 도개교처럼 닫히기 시작하고([그림 21]의 1차 구개), 콧구멍이 생기기 이전의 오목한 부위인 '비와(鼻窩)'가 바깥귀 구멍과 입으로 갈라져 코가 바로 입으로 뚫리는 양서류의 옛 모습. 아래 사진은 난황 주머니와 탯줄이 서로 연결된 모습.

눈과 코, 즉 두 감각문이 열린다. 옆을 향한 좌우 눈에는 어렴풋이 렌즈와 홍채 색소가 나타나고, 달 표면의 분화구를 떠올리게 했던 후반은 테두리가 도넛처럼 생긴 말굽 모양으로 부풀어 올라서 콧구멍이 생기기 시작한다. 오른쪽 콧구멍과 왼쪽 콧구멍은 아직 멀리 떨어져 있지만, 정중앙의 코 융기를 매개로 둘은 서로 이어진다. 한편 좌우의 앞뇌 뇌포는 이미 대뇌반구의 길을 걷기 시작하는데, 그 뒤쪽으로는 중간뇌 뇌포의 정상이 우뚝 솟아오른 모습이 보인다.

그다음 가로로 갈라진 입 주위에는 위아래 입술처럼 생긴 턱의 둑이 생기기 시작한다. 위턱은 좌우가 아직 떨어져 있어서 가운데 부분이 뻥 뚫려 있는 모습이 인상적이다. 위턱의 좌우 양쪽 둑은 각각이 '떨어진 입술'처럼 한가운데가 갈라짐으로써 위턱 언저리가 코와 입으로 통하고 있다. 발생학적으로 이것이 입술 갈림증의 시작이라는 것은 두말하면 잔소리다. 반면에 아래턱의 둑은 좌우가 이미 융합을 시작하여 전체가 아랫입술 모양을 이룬다.

그렇다면 입 아래쪽의 아가미구멍은 어떻게 되었을까? 아가미구멍은 입꼬리 아래에 좌우 하나씩 크게 문을 열었다. 바로 첫 번째 아가미구멍이다. 각각 구멍에 호화로운 쿠션처럼 테두리가 쳐지고, 거기에는 말로 표현하기 힘든 기운이 감도는데, 아쉽게도 [그림 19]에서는 첫 번째 구멍만 볼 수 있다. 손가락 그림을 보면, 엄지와 검지 사이에 아주 희미한 굴곡이 드러나는 장면을 목격할 수 있으리라.

[그림 20]은 이틀 뒤인 36일째 얼굴이다. 어떤 표정을 띤 얼굴이 담담하게 당신을 바라보고 있지 않은가? 여름이 끝나가던 어느 날, 내가 나무숲 창가에서 '투아타라'라고 마음속으로 외친 바로 그 얼굴이다. 이틀 전 34일은 어류인지 양서류인지 모호한 얼굴이라면, 36일의 형상은 좀 더 확실한 얼굴이라고 분명히 말할 수 있을 것이다. 나는 이틀 동안 펼쳐지는 얼굴 생김새의 변화와 함께 여기에 드러난, 말로 다 표현하기 어려운 표정 속에서 태아 얼굴의 클라이맥스를 본 것이다. 정말이지 어마어마한 표정이다.

제자리를 찾아서 바로 옆으로 열린 두 눈동자는 부끄러움 가득한 눈빛을 약간 슬픈 듯이 우리 쪽으로 향하기 시작한다. 작은 둥근 렌즈를 에워싸는 홍채의 불가사의한 문양! 코를 이루는 도넛의 둑은 바깥쪽이 불룩 솟아올라서 콧구멍을 양쪽에서 짜부라뜨리고, 그 좌우가 성큼 서로 다가가서 정중앙의 융기 부위가 하나가 됨으로써 콧등으로 귀여운 표정을 자아낸다. 이렇게 만들어진 이목구비 위에 불쑥 부풀어 오른 대뇌반구의 이마가 묵직하게 내려 누르고 있다. 이것이 바로 전두엽의 시작이다.

한편 갈라진 입 주위도 조금씩 자리를 잡기 시작하는데, 그래도 여전히 좌우 위턱은 중앙에 쑥 들어간 자국을 남기며 언청이의 형상을 유지하여 이 시기를 특징짓는 독특한 분위기를 감돌게 한다. 앞으로 삐죽 내민 위턱은 콧등과의 사이에 깊은 홈을 만드는데, 이는 눈에서 코로 뻥 뚫리는 하나의 하수도가 되어 눈물을 코에서 입으로 인도한다. 바로 이 위턱의 홈은 어류 시절,

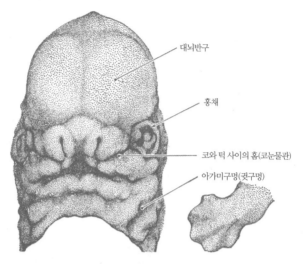

대뇌반구

홍채

코와 턱 사이의 홈(코눈물관)

아가미구멍(귓구멍)

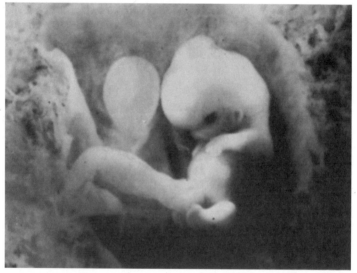

그림 20 수정 36일

몸길이는 13밀리미터. 원시 파충류의 생김새([그림 25]). 3억 년 전에 고대 녹지로 완전히
상륙한 바로 그 무렵일까? 해초의 융모를 통해 모태는 장엄한 드라마를 감수한다.

물살의 흐름을 파악한 옆줄의 잔재라고 한다. 입 아래에는 아가미구멍의 화려한 장식이 돋보인다. 그리고 마지막으로 또렷한 손가락의 조짐을 보라!

이제 38일째로 넘어가 보자. 불과 이틀밖에 지나지 않았는데 어엿한 동물의 모습을 감지할 수 있다. 파충류에서 이미 포유류의 세계로 발걸음을 돌렸다는 사실을 더는 의심할 수 없을 것 같다. 이 그림 역시 36일과 함께 태아의 얼굴을 대표하는 모습이다. 그림을 보면 알 수 있듯이, 말로 표현하기 힘든 극한의 옛 모습이 사람들 눈앞에 무서운 기세로 다가온다.

먼저 두 눈을 보라. 불쑥 튀어나온 거대한 눈알을! 두 눈은 아직 멀리 떨어져 있지만, 정면을 응시하고 있다. 작은 렌즈는 또렷이 부풀어 오르고, 홍채 색소가 이를 〈∩〉 모양으로 에워싼다. 이는 도대체 어떤 눈망울일까?

다음은 코를 살펴보자. 좌우 도넛은 어느덧 정중앙의 융기와 완전히 융합하고, 각각 바깥쪽의 융기가 풍만한 콧방울을 형성한다. 이는 분명 사자의 콧등이다. 그리고 거의 수평으로 나란히 늘어선 눈과 코, 두 개의 감각기관을 큼지막하게 성장한 두 개의 대뇌반구 이마가 목화솜을 가득 채운 이불처럼 뒤덮고 있다. 그 저편에는 아직 중간뇌의 뾰족한 머리가 보인다.

입은 중앙의 찢긴 자국을 희미하게 남긴 채, 거의 완성된 모습을 드러낸다. 위턱의 갈라짐은 사라지고, 아래턱은 선명하게 발달해 있다. 입꼬리 아래에 열린 좌우 아가미구멍은 주위의 테두리 장식과 함께 점차 귓불 모양에 가까워진다. 이 모습은 고막이

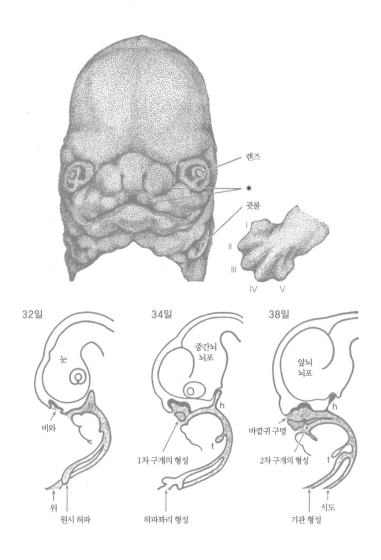

렌즈

*

귓불

I

II

III

IV   V

32일

눈

h

비와

위

원시 허파

34일

중간뇌
뇌포

h

t

1차 구개의 형성

허파꽈리 형성

38일

앞뇌
뇌포

h

바깥귀 구멍

2차 구개의 형성

t

식도

기관 형성

그림 21 수정 38일

원시 포유류의 옛 모습([그림 25])은 2차 구개의 싹에도 드러난다. 허파꽈리 분화, 기관(氣管)과 후두(喉頭)의 형성은 본격적인 공기 호흡을 대변해준다. 뇌하수체 앞엽 h, 갑상샘 t가 소화관에서 잘록해진다.

노출된 도마뱀의 모습을 쏙 빼닮았다. 코안과 입안의 경계는 아직 생기지 않았다. 동물에 가깝다고 해도 아직은 파충류의 형상이다. 하지만 다섯 손가락은 확실하게 보이기 시작한다.

[그림 22]는 40일을 맞이한 태아다. 처음 32일째의 상어 얼굴에서 일주일이 지났다. 이제는 짐승보다는 인간이라고 부를 만한 하나의 얼굴이 있다. 이런 모습은 길을 걷다 보면 얼마든지 마주칠 수 있으리라.

물론 아직 파충류의 형상이 남아 있다. 아가미구멍의 테두리가 드디어 로코코(rococo)풍의 귓불로 자리 잡았지만, 그 위치는 아직 입술 선 위로 올라가 있지 않다. 그리고 입을 열면 천장에는 한가운데가 아직 달라붙지 않은 입천장이 보인다. 이른바 구개 파열 상태로, 이 상태로는 젖을 빨 수 없다. 하지만 이미 거의 정중앙을 향하는 두 눈동자는 안쪽에서 생기기 시작한 위아래의 눈꺼풀에 따라 눈머리의 모양이 갖추어지고 있다. 그리고 콧등은 또 어떠한가? 이미 인류의 모습이다. 완벽한 인간의 코라고 해도 좋으리라.

더욱이 코에서부터 힘차게 출발한 대뇌반구의 전두엽은 인류를 상징하는 이마를 극단적으로 과시하고 있는 것처럼 보이지 않는가? 이렇게 보면 40일째의 얼굴에서는 파충류와 포유류에 새로운 인류의 모습이 더해져 이들이 기묘한 균형을 이루면서 꽉 찬 꼴로 동거하고 있는 모습을 찾을 수 있다.

마지막으로 60일째의 태아 사진을 싣는다. 부드러운 양막으로 둘러싸여 두꺼운 융모 침대에 등을 대고 독특한 손가락 모양

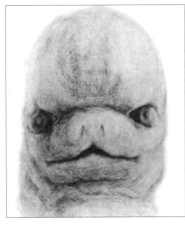

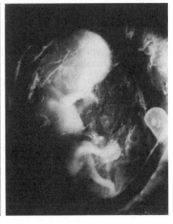

그림 22 수정 40일
몸길이 20밀리미터.
고츠 하루히코(郷津晴彦) 그림.

그림 23 수정 60일
몸길이 45밀리미터.

을 만들고 있다. 앙증맞은 '안짱다리' 사이에는 굵은 탯줄이 춤추고, 탯줄에서 위풍당당하게 작은 풍선이 나와 있다.

또한 거대한 대뇌반구는 어떠한가? 몸의 다른 부위와는 전혀 상관없이 나 홀로 쑥쑥 잘 자란다. 반대로 얼굴은 갸름해졌다. 태아는 눈꺼풀이 또렷이 생긴 눈을 꼭 감고 쌔근쌔근 잠든다. 이때 태아는 어떤 꿈을 꾸고 있을까?

그즈음부터 얼굴은 차츰 근엄한 '고승'의 모습으로 향하며, 70일을 정점으로 확실한 갓난아기의 모습으로 변모해간다. 이는 중생대에서 신생대로 돌입하는 알프스 조산운동의 살벌한 꿈의 재현일까? 이와 관련해서는 언젠가 다시 연구할 기회를 꼭 마련하리라.

옛 모습―원형에 대하여

태아의 얼굴에 감도는 것은 분명 동물의 모습이었다. 연골(軟骨) 어류의 옛 모습이 순식간에 파충류의 얼굴로 바뀌고 드디어 포유류의 생김새로 변한다. 닭의 발생에서 살펴본 '찰나의 상륙극'과 흡사했다. 닭의 경우 눈부신 변화상이 몸의 내경(內景)에서 관찰되었다면, 태아의 경우 외경(外景), 더욱이 얼굴이라는 가장 친근한 모습에서 찰나를 확인할 수 있었다.

우리는 여기에서 하나의 문제에 직면한다. 상어의 옛 모습, 혹은 상륙의 옛 모습이라고 말할 때, 과연 '옛 모습'이란 도대체 어떤 것일까? 보통 어떤 특정한 인간의 옛 모습이라고 하면 바로 이미지가 떠오를 것이다. 그것도 가까운 사람일수록 더욱 또렷하게……. 예를 들어 어머니의 모습은 눈꺼풀 안쪽에 들러붙어서 평생 떨어지지 않을 것이다. 그 이유는 무엇일까?

우리는 아주 어릴 때부터 어머니의 얼굴에 파묻혀 지내왔다. 일상적인 표정은 물론이고 웃는 얼굴, 화난 얼굴, 걱정스러운 얼굴, 평온한 얼굴, 그리고 때때로 환희와 절망의 표정에서부터 마침내 감정이 폭발한 모습까지 무릇 상상할 수 있는 모든 표정을 접했을 것이다. 그 과정에서 어떨 때는 무의식적으로 혹은 멍하니, 또 어떨 때는 나름 의식하면서 숨을 죽이며 어머니의 얼굴을 지켜보았다.

이렇게 늘 함께하며 온몸에 각인된 얼굴을 '옛 모습'이라고 부른다. 예전에는 '잔상'이라는 표현도 즐겨 썼지만, 오늘날에는

그림 24 〈진화〉
아사쿠라 후미오(朝倉文夫, 1883~1964, 일본의 유명한 조각가―옮긴이) 작품.

'이미지'라는 단어가 사람들 입에 더 자주 오르는 듯하다.

형태학의 세계에서는 지워지지 않는 지난날의 모습을 '근원의 형상', 줄여서 '원형(原形)'이라고 일컫는다. 우리는 이런 원형을 가까운 사람에서 점차 먼 사람으로, 다양한 깊이로 눈동자에 투영하면서 존재를 식별해나간다. 따라서 이와 같은 구별은 지각의 기반을 이루는 것이어야 한다.

물론 옛 모습의 체득은 개개인의 단계에서 그치지 않는다. '개체'에서 '종족'으로 퍼진다. 만약 길거리에서 기이한 얼굴(인물?)과 마주쳤다 하더라도, 그래도 그 개체를 같은 인간이라고 인지

할 것이다. 그도 그럴 것이 인간의 용모, 얼굴 생김새라면 원숭이와 구별되는 근원의 형상이 분명 존재할 테니까.

이처럼 우리는 인류의 얼굴이 간직한 원형을 어머니의 얼굴처럼, 아니 그 이상으로 체득하고 있다. 그리고 이 종족의 옛 모습도 역시 아주 가까운 종족에서 먼 종족까지, 시간과 함께 다채로운 깊이와 농도로 눈동자에 인화해나간다.

우리는 이와 같은 과정에서 '멍멍 족'에서 '야옹 족'을, 초식동물에서 육식동물을 식별하고, 나아가 이들 동물을 짐승으로 묶어서 어류나 조류와 구분한다. 이른바 생물의 분류는 이런 과정을 거쳐 진행되는데, 앞서 태아 얼굴의 변화상에서 동물의 옛 모습을 간파할 수 있었던 것도 종족의 원형을 식별하는 능력을 체득하고 있기 때문이다.

[그림 25]에 소개한 세 가지 동물의 얼굴 사진은 이들 세 종류의 옛 모습을 가장 생생하게 포착한 사진이다. 가장 위에 있는 사진은 주름상어(학명: *Chlamydoselachus*)의 태아다. 현존하는 연골어류 가운데 가장 원시적인 형태를 유지하는 종으로, '살아 있는 고대어'라고 불리며 수심 몇백 미터 아래의 심해에서 서식하고 있다.

근대 상어와 다른 점은 얼굴 앞쪽 끝에 입이 터져 있다는 것인데, 윗입술 테두리와 맞붙어서 콧구멍이 열리고, 그대로 구강으로 뚫리는 모양은 앞서 태아의 그림에서 생생하게 재현되었다. 가오리의 얼굴을 배 쪽에서 본 그림이 이런 관계를 단적으로 상징한다. 이 사진에는 안타깝게도 아가미의 이음매는 나오지

그림 25 고대의 옛 모습
위에서부터 주름상어, 옛도마뱀, 세발가락나
무늘보. 자세한 설명은 본문을 참고하길.

않았다. 이 사진은 1970년 5월 초, 일본에서 가장 깊은 만인 스루가(駿河) 만의 벚꽃새우 어장에서 채집한, 암컷 주름상어의 배 속에 있던 여덟 마리 새끼 가운데 한 마리로, 고생물학자인 고토 마사토시(後藤仁敏, 1946~) 박사가 사진을 제공해주었다. 어미는 현재 일본국립과학박물관에 전시되어 있다.

가운데 사진은 옛도마뱀(학명: *Sphenodon punctatus*)의 정면상이다. 중생대 초기부터 2억 년의 세월을 거의 기본 틀을 바꾸지 않고 생활해온 살아 있는 화석이다. 보통 투아타라라고 불리는 고대 파충류이다. 현재 뉴질랜드의 남북 양쪽 섬에 접한 가파른 바닷가 절벽의 작은 섬에 아주 드물게 서식한다. 투아타라는 직접 구멍을 파낸 다음 그 자리에 낳은 십수 개의 알을 낳는다. 알이 부화하려면 15개월이 필요하다고 한다.

반듯하게 가로로 찢어진 입 중앙에 정면을 향해 자그맣게 열린 한 쌍의 콧구멍이 보이고, 그 양쪽에 옆으로 뚫린 두 눈동자가 있다. 만약 허전하게 잘린 머리에 대뇌반구를 얹어서 광활한 좌우 이마를 만들면, 영락없이 36일째 인간 태아의 얼굴 모습과 같아질 것이다. 이 사진은 시드니 동물원에서 사육되고 있는 개체를 동물 사진가 이와고 도쿠미츠(岩合德光, 1915~2007) 선생이 찍은 걸작이다. 넘쳐흐르는 고대 형상이 화면 가득히 뿜어져 나온다.

아래 사진은 생후 1개월 된 아기 세발가락나무늘보(학명: *Brady-pus*)의 얼굴이다. 신생대 초부터 5천만 년의 가계를 자랑하는 원시 포유류의 후예다. 큰개미핥개(Giant ant eater), 아르마딜로(arma-dillo)와 함께 남미 대륙을 서식지로 삼고 꿋꿋하게 살아가는 생명체로, 마치 동물의 업을 초월한 것처럼 오직 나뭇가지에 매달려 지내고, 초록 이끼를 몸에 걸친 모습 때문에 '밀림의 성자'라고 부른다. 꼭 다문 입 위에 포유류를 상징하는 멋진 코를 얹고 그 양쪽에는 두 개의 눈동자가 정면을 향한다.

본문 사진은 1973년 아마존 지류에서 탁류에 휩쓸려 떠내려오는 나무늘보를 카누에 건져 올렸을 때의 스냅 사진으로, 유목에 매달려 있던 아기 나무늘보는 마이니치(每日) 신문사의 이마이 도시오(今井俊夫) 씨의 카메라에 왠지 끌렸던 것 같다. 동물과 인간의 마음이 서로 통한 순간의 장면이다.

그럼 이제 세 가지 얼굴 사진을 다시 한 번 자세히 살펴보자. 지구의 모진 풍파를 견디면서도 '천고의 옛 모습'을 지켜온, 격조에 어울리는 당당한 모습이 사진에 보이지 않는가? 일반적으로 '살아 있는 화석'으로 일컬어지는 생명체에는 그 종 본래의 모습이 보존되어 있다. 지금 여기에서 논하고 있는 독자적인 옛 모습일 것이다.

보통 상어라고 하면 가장 대중적인 상어의 얼굴이 떠오르기 마련이다. 말하자면 우리의 상상을 훌쩍 뛰어넘는 도감 따위에 실린 기묘한 형상이 아닌, 가장 흔하고 가장 포획이 쉬운 상어의 얼굴을 연상한다. 하지만 일반적인 상어의 이미지도 일단 고대 상어인 주름상어를 접하면 한순간 변하리라. 이것이야말로 진짜 상어다.

파충류도 마찬가지다. 손발이 없는 뱀보다 네발 달린 악어나 도마뱀이 일반적인 파충류의 모습에 더 잘 어울린다. 이런 파충류의 이미지는 예를 들면 갈라파고스의 이구아나, 코모도 섬의 코모도왕도마뱀 등의 생생한 생태 사진에 따라 좀 더 고착되어 갈 것이다. 하지만 이런 이미지도 일단 옛도마뱀의 풍모를 눈으로 확인했을 때 그림자가 퇴색되지 않을까? 분명 투아타라가 파충류의 전형이라고 새삼 느낄 것이다.

이와 같은 사실은 종류가 가장 다채로운 포유류의 세계에도 똑같이 적용되는 이야기다. 포유류의 경우, 영장류에서 시작해 육식동물에서 초식동물, 다람쥐 일족에 이르는 수많은 종족을 볼 수 있고, 더욱이 박쥐, 코끼리, 돌고래, 듀공 등 일반적인 규격에서 동떨어진 다양한 종이 공개되고 있다. 이런 수많은 동물을 통해서 사람들은 포유류의 이미지를 머릿속에 새기는데, 만약

'밀림의 성자'와 눈빛이 마주쳤다면 포유류의 원점을 되돌리는 인상을 받지 않을까?

일본 오키나와 이리오모테(西表) 섬에 사는 이리오모테살쾡이의 세계가 널리 알려졌을 때, 그 사진의 얼굴을 보자마자 바로 이것이 '고양이 가운데 고양이'라고 외친 사람이 적지 않았을 것이다. 아울러 이리오모테살쾡이가 가장 오래된 고양이 종족 가운데 하나라는 사실에 저절로 고개를 끄덕였을지도 모른다. 역시 이리오모테살쾡이의 얼굴에도 고대의 옛 모습이 깃들어 있기 때문이다.

그런데 해당 종이 갖춘 본래의 모습은 종속(種屬) 형성의 이야기, 즉 종족 발생의 역사 속에서 파악할 수 있다. 어떤 종족도 그 종족다운 형태가 정해지기까지 여명의 시대가 선행하기 마련이다. 미숙한 단계를 거쳐야 비로소 그 종 본래의 모습이 완성되는데, 종의 근원적인 형상, 즉 원형의 완성에 따라 종족 발생의 이야기는 하나의 절정을 맞이한다.

하지만 시간의 흐름은 절대 멈추지 않는다. 더욱이 흐르는 시간과 함께 저마다의 처지에서 환경을 받아들인 변화형이 잇달아 나타나는데, 이 과정에서 원형에 수식된 다양한 모습이 우리의 눈을 앗아간다. 긴 목덜미, 짧은 손, 두꺼운 다리, 그리고 기묘한 장식 등…….

예술 양식이 아르카이크(archaigue), 클래식(classic), 바로크(baroque), 로코코(rococo)……로 변천되며 이어지다가 최후에는 그로테스크(grotesque)가 되는 일련의 흐름이 있듯이, 종족 발생의 이야기에도 이와 유사한 흐름이 있다. 이 가운데 클래식이라고 부를 만한 어떤 시기를 반드시 지나는데, 사람들은 클래식의 양식에서 무의식의 기준을 끄집어내서 항상 원점으로 되돌리려는 경향이 있다.

종족 발생의 역사 가운데 앞서 소개한 종의 원형이 정해진 시기가 바로 클래식의 시기에 해당하지 않을까 싶다. 흔히 '전형'이라고 부르는 것인데, 전형의 모습이 시간의 흐름에도 왜곡되지 않고 면면히 유지되어온 것이 [그림 25]에 소개한 동물들의 얼굴 아닐까?

제3장
재현에 대하여

개체 발생과 종족 발생

지구에 서식하는 모든 동물 종에는 나름의 과거가 존재한다. 인류에게는 인류의, 유인원에게는 유인원의, 그리고 아메바에게는 아메바의 과거를 각각 찾을 수 있다. 어떤 종족이라도 그 종족의 가계도가 소중하게 보관되어 있다. 이는 10대 혹은 100대 전으로 거슬러 올라가는 정도의 짧은 기간이 아니다. 만 대에서 억 대에 이른다. 만약 과거의 시간을 모두 펼치면 지구를 몇 바퀴나 돌려야 할지도 모른다. 정확하게 말하자면 생물이 발생한 30억 년의 저편으로까지 거슬러 올라갈 수 있는, 끊임없이 대대로 이어지는 흐름이어야 한다. 물론 이 시간의 무게는 인간도 아메바도 마찬가지다.

우리는 이와 같은 가계의 흐름을 '종족 발생'이라고 부른다. 인류에게는 인류의 종족 발생이 있듯이, 아메바에게는 아메바의 종족 발생이 있다. 물론 발생의 그림을 처음부터 꿰뚫어볼 수 있는 사람은 아무도 없다. 이는 영원한 수수께끼와 같은 것이다. 하지만 사람들은 유추 심리를 작동해서, 화석이라는 지붕창의 희미한 빛에 의지해 머나먼 과거로 눈을 돌린다. 그리고 자신이 걸어온 발자취를 거슬러 올라가려고 한다. 이는 고문서를 단서로 민족의 기원을 파악하려는 뜨거운 탐구심과 같은 맥락이다. 이것이 생물의 고고학 즉, '고생물학'의 세계다.

그렇다면 인류의 종족 발생 시기를 찾아서 어디까지 거슬러 올라갈 수 있을까? 사람들은 인류사 너머에서 열린 선사(先史)의 광활한 들판을 구석기인의 심정에 이끌려 먼저 수만 년을 거슬러 올라가고, 구석기에서 다시 베이징원인이 살았던 수십만 년 전으로 걸음을 재촉하지만, 그 앞은 조금씩 뿌연 안개에 가려 시야가 흐려지기 시작한다.

수백만 년에 걸쳐 흩어진 '남쪽 유인원'인 오스트랄로피테쿠스의 화석 사이를 인류의 조상을 찾아서 정처 없이 걸어가고, 또 그 앞의 수천만 년은 몇 안 되는 화석과 때로는 화석 한 조각을 단서로 그저 과거의 모습을 상상하는 데에 그친다. 더 나아가 신생대의 지층을 파헤침으로써, 이들 화석은 서서히 유인원의 조상과 뒤섞이고 일반 영장류의 조상과 헷갈리며, 마침내 포유류 전체의 조상과도 선뜻 구별되지 않는다.

이때 신생대에서 더듬어보는 인류의 종족 발생은 다른 영장류, 아니 포유류의 모든 종족 발생과 계통적으로 관련이 있다는 사실을 떠올리지 않는다면 더는 이야기가 진척되지 않는다. 따라서 포유류 상호의 혈연관계를 나타내는 '생물 계통수'를 상정한다. 이 단계에서 인류의 종족 발생이 큰 나무의 한 가지로 포착된다.

이처럼 고생물학의 세계에서는 개별 종족 발생을 계통적으로 파악하기 때문에, 종족 발생을 '계통 발생'이라고도 부른다. 계속해서 신생대에서 더 나아가 중생대의 지층을 파헤치면, 이미 제1장에서 소개했듯이 포유류의 먼 조상이 짐승 모양의 파충류의 얼굴로 떠오른다. 이는 포유류의 기원이 신생대의 지층을 훌쩍 뛰어넘어 중생대, 그것도 더 깊이 올라간다는 사실을 우리에게 가르쳐준다.

그럼 중생대에서 더 앞으로 나아가 고생대를 파고들면, 원시 파충류가 양서류 계통수의 한쪽 귀퉁이에서 생겨나고, 더욱이 양서류가 어류의 계통수에서 갈라지는 과정이 점차 또렷해진다. 앞에서도 설명했듯이 어류의 화석은 4억 년 전의 지층에까지 다다른다. 마침내 무악류 너머로 사라지는데, 이 경계가 척추동물 계통수의 갈림길에 해당할 것이다.

궁극적으로 인류의 종족 발생은 고생대의 척추동물까지 거슬러 올라가는데, 고생대 이전은 어림짐작이라고 해도 무방하다. 아마도 수억 년을 추적하는 과정에서 척추의 구조가 조금씩 소실되고 활동적인 몸 구조에서 부유성 혹은 고착성으로 점차 단순해지며, 마침내 20억 년에 달하는 미화석의 지층이 이어질 것이다. 그리고 그 종착역에는 30억 년이 훨씬 넘는 생명 발생의 원초적인 지층이 위치하리라.

[그림 26]에는 인류의 종족 발생의 흐름이 척추동물 계통수의

오른쪽 끝단 우듬지에서 줄기를 따라 내려가는 꾸불꾸불 점선으로 나타나 있다. 실선이 아닌 것은 어디까지나 상상의 세계임을 의미한다. 그림의 계통수 가지는 오른쪽에서 왼쪽을 향해 더 오래된 가문의 종족 발생 모양을 표시한다. 따라서 포유류 → 조류 → 파충류 → 양서류 → 어류 순서로 나열된다. 보통 가문의 전통이 유구하다는 것은 대대손손 일정한 토지에 뿌리내리고 가업을 이어나가는 집안을 뜻한다. 반대로 가문의 전통이 짧다는 것은 거처를 옮기고 새로운 직업을 가진 집안을 가리킨다. 이른바 분가다.

동물의 세계에서는 이런 분가가 크고 작은 규모로 이루어진다. 천만 년 단위의 대규모도 볼 수 있는데, 이때 지구는 우주적인 규모로 일종의 탈피를 거듭한다. 좀 더 구체적으로 말하자면, 역동적인 팽창과 이에 따르는 냉각 등 여러 현상을 언급할 수 있는데, 완만한 지표 변동과 함께 새로운 시류를 흡수한 분가 체제가 점차 확립하여 동물상(相)의 중심이 새로운 가계로 옮겨진다. 진화와 이어지는 내용이다.

한편 '본가'의 경우 어떨 때는 완만하게 끊기고, 또 어떨 때는 엄격한 전통의 테두리 안에서 진행된 개혁에 따라 그 모습을 이어나간다. 이렇게 옛 모습을 간직한 채 긴 세월을 살아온 고대의 종(種)을 특히 살아 있는 화석이라고 부르는 것은 널리 알려진 사실이다.

[그림 26]의 가장 위쪽에는 가문의 순서대로 현존 동물이 배열되어 있다. 왼쪽에서 오른쪽을 향해 어류에서부터 네발 동물

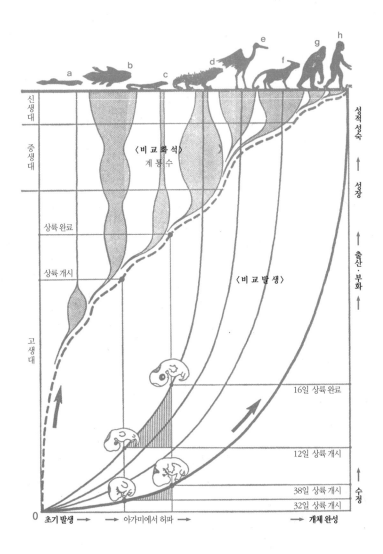

그림 26 종족 발생과 개체 발생

생물의 몸에 내재하는 이중 시간 계열인 '전세(前世)·현세(現世)·내세(來世)'의 삼세(三世)
와 '과거·현재·미래'의 삼시(三時)가 서로 뒤엉킨 상상도. 인간 사상의 내용은 이 그림에서
드러난다.

까지의 실루엣이 나란히 펼쳐지는데, 가장 왼쪽에는 가장 오래된 어류인 무악류가, 또 가장 오른쪽에는 최신 포유류인 인류가 각각 위치한다. 개별 종족 가운데 살아 있는 화석은 가장 왼쪽에, 가장 진화한 종족은 오른쪽 끝에 자리 잡고 있다.

세상에는 어류의 대표 주자로 잉어, 양서류의 대표로 개구리, 파충류와 조류의 대표로 각각 뱀과 닭, 그리고 마지막 포유류의 대표 주자로 인간에 가장 가까운 원숭이를 선택해서 이를 일렬로 나란히 세우는 방식으로 동물의 진화를 설명하는 습관이 있었다. 하지만 [그림 26]을 보면 그 오류를 바로잡을 수 있을 것이다.

비교해부학이란 현존 동물을 계통적으로 해부해서 상동기관을 비교 검토하는 학문이다. 이때 종족별로 가계가 오래된 종을 선택하는 것이 중요한데, 이 비교를 통해 인류 발생의 머나먼 저편까지 사람들은 상상의 날개를 펼쳐간다. 이는 '잃어버린 고리'를 찾아서 밤낮으로 지층을 파헤치는 고생물학의 세계와 본질적인 면에서 조금도 다르지 않다.

이 그림에 지금 우리가 화제로 삼고 있는 태아의 발생을 종족별 그래프 곡선으로 그려 넣어보자. 이때 원시 생명체가 탄생한 30억 년의 지층을 나타내는 좌우 시작점인 0은 수정란이 생긴 개체 발생의 원점을 나타내는 것이다. 따라서 여기에서 오른쪽으로 그은 하나의 수평선에는 태아 발생의 분화 정도가, 더욱이 오른쪽 수선에는 태아 발생의 날짜가 각각 새겨진다. 이는 왼쪽 수선에 지질 연대가 새겨진 것과 대조를 이룬다.

태아의 발생 곡선은 0점에서 상현달 모양의 호를 그리며 각각 성체까지 상승한다. 그림을 보면 알 수 있듯이, 새로운 종족의 개체 발생일수록 현이 더 많이 부푼다. 여기에서는 수평에 가까운 발생 초기의 곡선이 짧은 시간 동안 진행하는 발생 분화의 과정을 나타내고, 수직에 가까운 발생 후기의 곡선은 반대로 시간을 들여서 천천히 성장하는 모습을 나타낸다. 따라서 이 곡선은 종족 발생의 너울과 마찬가지로, 본래 '파도'가 높이 쳐야 한다. 그도 그럴 것이 어떤 발생이라도 세포 분화와 세포 증식은 서로 번갈아 진행되기 때문이다.

이와 같은 발생의 비교를 '비교발생학'이라고 부르는데, 여기에서는 특히 우리가 주안점을 두고 있는, 고생대 말의 상륙 역사가 종족별로 저마다 어떤 뉘앙스로 재현되느냐는 문제를 비교, 검토해보자.

'양서류의 살아 있는 화석'으로 일컬어지는 일본장수도롱뇽(학명: *Andrias japonicus*)의 경우, 겉아가미가 사라지고 점차 육지로 이동하기까지 꼬박 2년의 세월이 필요하다고 한다. 일본장수도롱뇽처럼 흐르는 물에 사는 일본얼룩도롱뇽(학명: *Hynobius naevius*) 역시 높은 연구실 수온에서도 2개월이라는 오랜 시간이 필요하다. 반면에 괸 물에 사는 일본검은도롱뇽(학명: *Hynobius nigrescens*)은 이보다 훨씬 짧아서 거의 일주일 만에 육지형으로 변신한다.

또한 꼬리 없는 양서류인 개구리는 '변태'의 속도가 훨씬 빠르다. 이는 진화의 정도를 나타내는 하나의 바로미터로 관찰되는데, 여기에서 가장 중요한 것은 이들 상륙의 재현이 모두 부화한 후, 이른바 올챙이로 자립을 시작한 이후에 이루어진다는 사실이다. 달리 표현하면 생활을 영위하면서 변태해나가는 것이다. 이는 같은 알이라도 육지에 부화하는 파충류나 조류가 알을 까기 이전에 이미 '꿈을 꾸면서' 부모의 유산인 노른자위에 의지하여 변신을 마무리 짓는 모습과 대조적이다.

그럼 이번에는 붉은바다거북을 통해 파충류의 변신을 자세히 살펴보자. 특히 붉은바다거북을 선별한 이유는 같은 어미의 알을 대량으로 채집할 수 있고, 계통 발생적으로 가문의 전통이 유구하며, 내부 구조가 기묘한 체형을 닮지 않고 지극히 고전적이기 때문이다. 도쿠시마 해안에서 채집한 수백 개의 알을 20도에 맞춘 부란기에 넣고, 거즈 위에서부터 물뿌리개로 물을 주면 45일째에 정확하게 태어난다. 실험에서는 나흘째 심장 박동의 개시부터 먹물 주입이 시작되는데, 이때 반응이 좋고 혈관망의 생김새가 출중하여 분명 닭보다는 양서류에 가깝다는 사실을 알수 있다.

상륙은 12일째에 시작해서 20일 전에 끝마친다. 역시 클라이맥스 시기의 먹물 주입은 쉽지 않지만, 긴장감 속에도 조금이나마 여유를 부릴 수 있다. 닭 먹물 주입 때의 긴장감에 비하면 마치 도시를 떠나 한가로운 시골을 찾은 느낌이라고 할까? 일주일 동안의 혈관 변화상은 안정되고 이해하기 쉬우며 심지어 고전적인 인상까지 감돈다.

[그림 27]은 붉은바다거북의 변화 모습을 나타낸 사진이다. '영광스러운 파충류'로 일컬어지는 조류의 사진인 [그림 16]과

비교했을 때, 거북이의 사진에는 '진흙의 향'이 느껴진다. 거대한 안구와 중간뇌는 닭과 똑같지만, 몸 중심의 활 모양으로 굽은 뼈대 모습은 닭보다 훨씬 완만해서 양서류에 가깝다.

당연히 여기에서도 지라의 유리([그림 15])와 허파 순환([그림 32], [그림 33])의 형성을 관찰할 수 있는데, 진행 속도는 급속하게 떨어진다. 앞에서 '고전적'이라고 표현했지만, 순식간에 고생대의 풍토에 가까워졌다는 실감을 할 수 있다.

비교발생학의 묘미는 바로 이런 점에 있으리라. 상륙 재현의 형상이 양서류 → 파충류 → 조류로 진행하면서

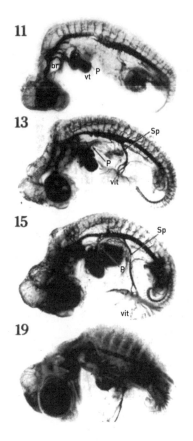

그림 27 붉은바다거북의 재현
P: 허파정맥, Sp: 지라 발생, vt: 심실, br: 아가미 혈관, vit: 난황 혈관의 단서. 숫자는 날짜.

명확하게 변모한다. 지금까지 소개했듯이, 양서류는 현실 생활을 하는 가운데 변태하는 반면, 파충류는 알 속에서 하나의 '추억'으로 변신을 되풀이한다. 말하자면 현실에서 꿈의 세계로 반

쯤 발을 들여놓은 상태라고 할까? 파충류의 상륙 재현에서는 현실의 세세한 행위는 생략되고, 그저 전체의 흐름을 나타내는 '모양새'만 상징적으로 연출된다. 따라서 파충류의 경우 '형상화'라는 단어가 곧잘 어울린다.

나아가 조류가 되면, 형상화가 더욱 진척되어서 꿈의 흐름은 좀 더 빨라지고 모든 것이 마치 주마등처럼 스쳐 지나간다. 말 그대로 명색뿐인 행위 가운데에서도 부인할 수 없는 흐름의 깊이가 깃들여진다. 이와 같은 일련의 흐름을 한자 서체에 비유했을 때, 먼저 양서류의 흐름이 정확하게 정자로 쓰는 해서(楷書)라고 한다면, 파충류는 약간 흘려 쓰는 행서(行書), 조류는 가장 흘려 쓰는 초서(草書)라고 표현할 수 있지 않을까? 아직 계통적으로 보이지는 않지만 포유류나 인간은 초서의 세계에서 한 발자국 더 나아간 형상이라고 말할 수 있을 것이다.

상륙에 필요한 시간은 각 종족별로 천차만별이다. 물론 시간 단축이 그대로 형상화로 이어지는 것은 아니다. 이는 성적 성숙에 필요한 시간과의 비례에 따라 결정된다. 예를 들면 같은 일주일이라도 인간과 붉은바다거북에게 그 의미는 전혀 다를 수밖에 없다. 성적 성숙의 시간이 인간은 적어도 10년 이상 필요하지만, 붉은바다거북은 불과 몇 년이면 충분하다. 이 수치는 동물의 진화 정도를 나타내는 절호의 지표가 될지도 모른다. 또한 종별로 본래의 '수명'을 알아내는 데에 중요한 단서가 될지도 모른다. 이 자리를 빌려서 경외할 만한 후배들에게 이 문제들을 검토해 달라고 부탁하고 싶다.

기형이 의미하는 것들

우리의 몸에는 옛것과 새것이 뒤섞인 조상의 옛 모습이 깃들어 있다. 때로는 노골적으로 때로는 은밀하게, 어떤 것은 기관의 구조 속에, 또 어떤 것은 기능 위에. 원형을 좇는 눈으로 현미경을 들여다보거나 환자를 대하면 고대 형상은 끊임없이 자취를 드러낼 것이다. 그도 그럴 것이 조직에는 '연륜 구조'가 파묻혀 있고, 질환에는 '계층 반응'이 미묘한 형태로 나타나고 있기 때문이다.

한편 조상의 형상은 가끔 엉뚱한 형태로 드러날 때도 있다. 발생학 지식이 있다면 누구나 한눈에 파악할 수 있을 텐데, 최근 신약의 부작용으로 화제가 된 팔의 형태나 흔히 '기형'이라고 부르는 것들의 이면에는 반드시 고대의 꼴이 숨어 있다는 사실을 거론할 수밖에 없으리라. 예를 들면 어떤 심장 기형이라도 마지막에는 고대 형상에 다다르지 않을까 싶다. 이와 같은 사실은 시내 모 대학병원에 보관된 표본을 통해서 알 수 있었다. 해당 병원에서는 수술 후 짧은 생을 마감한 유아들의 기형 심장을 표본으로 모아 두었는데, 이 가운데 허파정맥이 없는 심장이 다수 들어 있었다.

보통 허파정맥은 왼심방으로 흘러들어 간다. 허파에서 가스 교환을 마친 동맥피가 허파정맥을 통과해 왼심방 부위로 환류하는데, 심장에 이상이 있는 아기의 허파정맥을 조사하면 대부분이 심장에서 멀리 떨어진 곳의 정맥으로 유입 지점을 찾고 있다는 사실을 확인할 수 있다. 어떤 것은 간의 정맥으로, 또 어떤 것은 머리와 손의 정맥으로, 또 다른 것은 위의 정맥으로 흘러들어 가서 정작 심장에는 허파정맥이 유입되지 않는 것이다.

앞에서 소개한 병원 의과대학의 병리학교실에 근무하는 K 교수의 부탁으로 처음 접했던 심장 기형은 간정맥으로 유입되는 사례였다. 생후 90일 된 여자아기, 표본 번호는 2337번, 머리글자는 'M.N.'이라는 기록이 남아 있다.

표본을 자세히 살펴보았더니 좌우의 허파정맥은 T자형으로 합류하여, 신비로운 형태의 심장 뒤쪽을 무심히 지나치고 그대로 좌우 대칭에 가까운 간의 꼭대기로 흘러들어 갔다. 언뜻 보기에는 이 세상의 심장이라고 생각할 수 없는, 머나먼 세계의 분위기가 감돌았다.

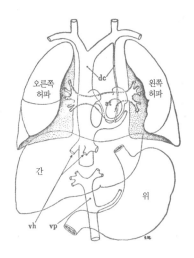

그림 28 인간의 허파정맥
좌우 심실은 대동맥, 허파동맥을 달고서 심방과 심실의 구멍에서 잘라낸 그림. dc: 위대정맥, vh: 간정맥, vp: 간문맥.

'가만, 어디에선가 본 적이 있는 것 같은데…….'

희미하게나마 기시감이 일자, 눈꺼풀 너머로 어떤 형상이 떠오르는 데 그리 오랜 시간이 걸리지 않았다.

'맞아, 폴립테루스(Polypterus)!'

바로 그것은 가장 오래된 경골어류인 폴립테루스의 허파정맥이었다. 옛 문헌에서 본 그림이 내 머릿속에 떠올랐다. 고생대의 당당한 생존자인 폴립테루스는 지금도 아프리카 민물에 살면서, 최근 열대어 사육의 유행에도 꿋꿋이 버티며 온몸을 화석 조각으로 감싸고 그윽한 품격을 자아내며, 오늘도 가게의 수조 안에서 위풍당당하게 헤엄치고 있다. 이 물고기에는 육상동물과 같은 기관(氣管)과 한 쌍의 허파가 있다. 물론 허파라고 해도, 그저 단순한 주머니로 '원시 허파'라고 부르는데, 허파에서 나온 정맥은 확실히 간정맥으로 유입된다.

[그림 29]는 폴립테루스와 아기의 허파정맥을 비교한 그림으로, 아기의 허파정맥은 고대어의 허파정맥과 똑같은 흐름으로 흘러들어 간다. 도대체 이 물고기와 인간은 어떤 혈연관계를 맺고 있는 것일까? 이와 같은 사례가 허파정맥의 환류 이상 전체 환자의 약 5퍼센트를 차지한다고 한다.

다음은 생후 18일 된 남자 아기다. 여기에서는 오른쪽 허파의 정맥이 일단 왼쪽 허파로 흘러들어 가고, 거기에서 새롭게 가느다란 허파정맥이 나오며, 이어서 왼쪽 상반신의 정맥피를 모은 왼쪽 위대정맥으로 유입된다.

이는 분명히 아미아(amia)의 허파정맥이다. 북아메리카 담수

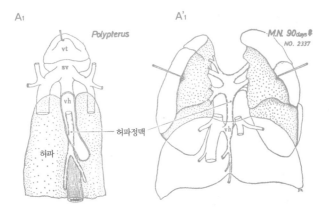

A₁

Polypterus

vt

sv

vh

허파

허파정맥

A'₁

M.N. 90days♀
NO. 2337

v.h

그림 29 폴립테루스의 허파

A₁: 고대어 심장의 배쪽 그림. 원시 허파정맥의 모습을 보여준다. C. Röse, 1890.
A'₁: 왼쪽 그림도 세 엽의 원시 허파가 정맥을 동반하며 현실에 모습을 드러낸다.
가지타 아키라(梶田昭, 1922~2001, 도쿄여자의과대학교 교수─옮긴이), 1965.

호에 지금도 왕성하게 번식하고 있는 이 물고기는 열대어인 아
로와나(arowana), 가파이크(garpike)와 함께 중생대 쥐라기에서 백
악기에 걸쳐 번성한 경골어류의 직계 자손으로 여겨진다. 아미
아의 허파는 앞서 소개한 폴립테루스보다 훨씬 현대적인데, 허
파의 위치도 식도의 등벽으로 이동하여 점차 근대어의 부레에
가까워진다. 한편 허파정맥은 심장보다 더 가까운 곳에서 체벽
정맥을 모으는 퀴비에관([그림 13])으로 흘러들어 간다. 따라서 이
남자 아기의 심장은 중생대 모습에서 머물러 있는 셈이다. 이는
전체 환자의 약 과반수를 차지하며 가장 많은 사례라고 한다.

　마지막으로 생후 36일 된 남자 아기다. 아기의 허파정맥은 가
로막을 관통해 위의 작은굽이에 도착하고, 위에 있는 정맥과 합

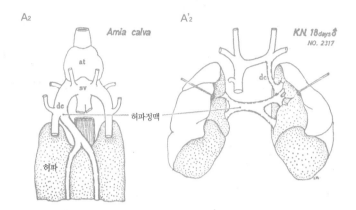

그림 30 아미아의 허파

A₂: 준(準)고대어 심장의 등쪽 그림. 허파정맥은 체벽계의 정맥으로.
A'₂: 여기 왼쪽 그림에서도 세 엽의 원시 허파가 모습을 드러내며, 허파정맥이 심장에게는
눈길도 주지 않은 채 체벽 정맥으로 흘러들어 간다.

류해서 간으로 흘러들어 간다. 이와 같은 형태는 일반적인 경골
어류의 부레 정맥에 해당한다. 옛 정어리나 연어, 송어류에서 새
로운 가자미, 아귀 일족에 이르는 신생대 경골어류는 수렵 시절
부터 인간과 가까이 지냈고, 그 생김새도 바로 앞에 등장했던 아
미아 물고기보다 훨씬 근대적인 분위기가 감돈다.

　이들 경골어류는 모두 부레를 갖고 있다. 이는 호흡에서 부력
조절로 역할을 바꾸어 소화관에서 완전히 독립한 것인데, 그 발
생 과정은 아직 허파 주머니의 형태를 보여준다. 옥새송어 유생
의 혈관 주입 표본을 해부하면, 허파 주머니의 정맥 하나가 확실
하게 위의 작은굽이 정맥과 합류해서 간으로 유입되는 사실을
확인할 수 있다. 아기의 심장은 이렇게 해서 현대의 물고기와 어

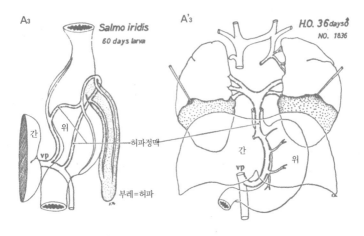

그림 31 옥새송어의 부레

A₃: 근대어의 유생. 위 주머니 주변의 혈관 구축을 현미경으로 관찰.
A'₃: 좌우 허파 모두 불완전한 세 엽. 허파로부터 버림받은 심장은 물고기의 심장으로 돌아갈 수도 없는 노릇……. 여기에서도 대혼란에 빠진다.

깨를 나란히 한다. 이런 형태는 전체 사례의 10퍼센트를 차지한다고 한다.

지금까지 소개한 허파정맥의 변천을 [그림 32]에 하나의 개념도로 정리해두었다. 우선 척추동물의 소화관을 하나의 토관(土管)에 비유했을 때, 이 토관에 허파 순환이 생기기 이전의 기본 형태를 기입한다. 장의 정맥은 배 쪽으로 향해 간으로 들어가고, 간에서 간정맥이 되어 나오는 곳에서 퀴비에관을 받아 정맥굴을 이루고, 나아가 심방, 심실과 심장을 만든 다음, 아가미장으로 들어가서 가스 교환을 하고, 아가미장에서 등쪽대동맥을 거쳐 다시 장의 정맥으로 되돌아온다. 이것이 척추동물의 장 순환의 기본형이다. [그림 13]에서 나타냈듯이 이는 내장 순환의 중

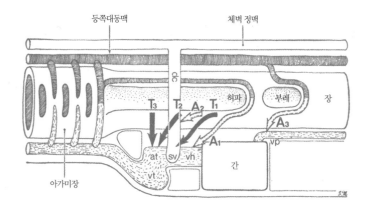

그림 32 다양한 허파정맥

허파 생성에 따라, 허파정맥의 방향이 결정된다. 한편 허파정맥의 태도에 따라 심장 형성의 꼴이 정해진다. 허파가 잠시라도 한눈팔면 심장은 제대로 발생하지 않는다.

심을 이루고 평생 허파를 갖지 않는 원구류와 연골어류에서 볼 수 있는 장 순환의 형태다.

그런데 다른 척추동물에서는 모두 허파가 발생한다. 아가미구 멍의 연결로 아가미장의 벽면이 풍선처럼 부풀어 오른다. 허파 발생은 고생대 말에 바다와 육지 사이에서 끊임없이 고민한, 1억 년의 흔적으로 파악할 수 있는데, 이 새로운 호흡기관은 이후 두 갈래의 전혀 다른 길을 걷게 된다. 하나는 '부레'로 변신을 거듭 하는 길이고, 다른 하나는 '호흡 허파'를 향해 나아가는 길이다. 전자는 '물고기'가 되어 다시 고향인 바다로 되돌아가는 종족에 서, 후자는 '네발'이 되어 고대 녹지로 신천지를 찾아 상륙하는 종족에서 각각 찾을 수 있다.

따라서 두 갈래의 허파, 즉 수생형(水生型, Aquatic type, A)와 육생형(陸生型, Terrestrial type, T)의 정맥을 각각 고생대, 중생대, 신생대로 세 시기에 걸쳐 그림에 채워보자. A_1, A_2, A_3이 앞서 설명한 세 종류의 물고기에 해당하는데, 이들은 세월이 흐르면서 심장에서 멀어진다. 반면에 T_1, T_2, T_3은 각각 폐어류, 파충류, 포유류에 해당하고, 처음에는 낮은 각도에서 심장 입구로 정맥굴이 유입되지만, 점차 직각 방향에서 심장을 곧바로 향한다.

한편 허파정맥의 환류 이상 사례에서 나머지 30퍼센트는 당연히 T_1, 즉 폐어형으로 분류될 테지만, 그 밖의 다른 기형 심장은 어떻게 된 것일까? 기형 심장의 허파정맥은 언뜻 보기에 정해진 왼심방으로 되돌아가는 것처럼 보일 것이다. 하지만 발생 시의 유입 각도가 부족한 탓인지, 혹은 유입 시기가 빗나간 탓인지, 이들 심장에서 볼 수 있는 심방에서부터 심실에 걸친 좌우 구분의 불완전과 함께, 어쩌면 이들은 양서류에서 파충류에 이르는 심장의 옛 모습에 머물러 있는지도 모른다.

인간의 심장 기형에는 크고 작음에 상관없이 허파정맥의 환류 이상이 동반된다. 다양한 유입 방식을 취하는 허파정맥의 경우, 이처럼 척추동물에서 관찰되는 모든 형태가 포함되어 있다는 사실을 엿볼 수 있다. 원시 허파에서 부레로 향하는 '수생형'과 호흡 허파로 향하는 '육생형'의 두 종류가 갖가지의 신구 형태로, 찰나의 형상으로 나타나는 것이다.

그럼 이번에는 [그림 33]을 자세히 살펴보자. 이는 앞에서 예로 든, 닭의 나흘째 허파 순환이 생성되는 모습이다. 클라이맥스

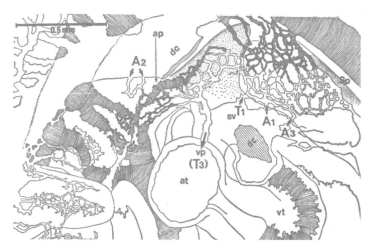

그림 33 허파정맥의 발생
80시간([그림 16])에서 보이는 A_1, A_2, A_3과 T_1

직전, 먹물 주입 표본을 확대한 그림이다. 여기에서는 가장 뒤쪽의 아가미 혈관에서 뻗어 나온 허파정맥 ap가 어린 허파 주머니로 가지를 내민 다음 심방으로 유입되는 정상 통로 이외에도, 지금 소개한 다양한 경로가 빠짐없이 모두 나와 있는 모습을 목격할 수 있다. 과연 이것은 무엇을 의미할까?

이와 같은 혈관 발생의 모양새는 닭보다 원시적인 바다거북에서도, 더 원시적인 도롱뇽에서도 나름 확실하게 관찰할 수 있다. 따라서 모든 포유류의 태아, 물론 인간의 태아도 이와 마찬가지일 것이다. 육상 동물의 발생 초기에 일제히 출현하는 '수생형'의 각종 허파정맥의 옛 모습 속에서, 나는 고생대 말의 상륙과 귀향의 드라마가 전하는 비밀스러운 측면을 떠올렸다.

우리의 조상들은 바다와 육지 사이를, 아마도 상상을 초월하는 긴 세월 동안 끊임없이 맴돌았을 것이다. 지금까지 소개한 아기들의 허파정맥이 보이는 기기묘묘한 형상이 그간의 사정을 여실히 대변해주는 것은 아닐까? 분명 '기형'의 '기(奇)'는 보통 사람의 가치관을 훌쩍 뛰어넘는 단어에 부여하는 표현임이 틀림없으리라.

태아의 꿈

우리 인간의 몸에는 고대 형상이 현실적으로, 혹은 잠재적으로 얼굴을 내민다. 이는 앞에서도 설명했듯이, 흔히 기형이라는 이름으로 몸 구조에서 포착될 뿐 아니라, 일상생활에서도 다양하게 모습을 드러낸다. 물론 당사자도 그리고 방관자도 고대 형상의 존재를 의식하는 사람은 아무도 없다. 그저 어디선가 또 누군가에게 관련 이야기를 들어야 그때 비로소 깨닫는다.

곤충 채집망을 비스듬하게 세워서 잠자리를 쫓는 남자아이의 눈빛에서 옛날 수렵 시대의 옛 모습을 볼 수 있지 않을까? 어쩌면 낚싯대에 전해지는 물고기의 근육 수축에서도 옛날 옛적 감각을 느낄 수 있을지 모른다. 또 우리는 첫눈 내리는 들판에서 강아지와 뛰노는 아이들의 해맑은 모습에서 대빙하 시대의 향수를 떠올리지 않는가? 이 거부할 수 없는 마력은 어른이 되어서도 눈 덮인 겨울 산으로 등을 떠민다. 그렇다면 이런 움직임은

'무슨 목적이 있는가?'라는 현대 사회의 인과 질문에서 무의식적인 탈출을 의미하는 것은 아닐까? 유치원 정글짐에서 오르락내리락 무리 지어 노는 아이들, 철봉, 링운동, 안마운동, 평행봉에서 보여주는 체조 선수들의 훌륭한 '팔 곡예' 등은 신생대 제3기의 수상(樹上)생활에서 단련된 '브래키에이션(brachiation, 두 팔을 번갈아 나뭇가지에 걸며 이 나무에서 저 나무로 이동하기—옮긴이)'의 부활이라고 감히 말할 수 있지 않을까?

고대 형상은 꿈속에서 좀 더 자유자재로 출연한다. 무시무시하게 생긴 괴물이 바짝 뒤따라오는 급박한 상황에서 도무지 도망칠 수 없는 장면! 이때 직립보행의 자세로는 괴물을 따돌리기 어렵다고 생각한 바로 그 순간, "얍!"하고 네 다리로 변신한다면 '오른손-왼다리-왼손-오른다리로 기는 것이 좋을까, 아니면 오른손-오른다리-왼손-왼다리의 네발 자세가 좋을까?' 주춤하며 다양한 자세로 시행착오를 겪는 동안 괴물의 그림자는 등 뒤에 바짝 따라붙었다. 그랬더니 곧바로 '개구리 달리기'라는 필사적인 몸부림이 탄생한다. 이는 모든 네발짐승에서 볼 수 있는 마지막 위급 존망의 모양새다. 양서류도, 파충류도, 조류도 그리고 포유류도. 고생대 말에서 신생대에 이르는 네발 보행이 감내한 시련의 세월이 이렇게 한순간의 꿈에서 되살아난다. 눈을 뜨면 온몸이 땀으로 흠뻑 젖어 있다.

이 조상의 이야기는 벌건 대낮에 화려한 쇼로 공개된 적도 있다. 꽤 오래전에 '세계의 격투기'라는 이름을 내걸고 펼쳐진 세기의 이벤트가 바로 그것이다. 확실한 결말을 바라던 희망 사항을 보기 좋게 무시당한 세계 수억 명 관중 마음속에는 알 수 없는 흥분의 응어리가 오래도록 남았다. 이 승부가 의미하는 바는 사실 공(gong) 소리가 울린 직후 한순간에 작렬했다. 옆으로 쓰러뜨리기 공격과 발차기 공격을 다른 한쪽에서 잽싸게 피한다. 이는 파충류와 포유류의 숙명의 대결이었다. 아마존 악어의 얼얼한 꼬리 공격, 이에 맞서 싸우는 밀림 왕자의 위풍당당한 쿵쾅쿵쾅 가슴 두드리기! 알프스 조산운동을 배경으로 1억 년의 흥망을 건 파충류와 포유류의 드라마가 하나의 '몸짓'으로 꿈처럼 재현되었다.

포유류의 조상이 기나긴 중생대를 공룡 왕국의 틈바구니에서 숨죽이며 가까스로 연명했다는 사실은 앞에서도 거듭 소개한 내용인데, 거대한 지각의 진동으로 인해 강자였던 파충류와 약자였던 포유류의 세력이 역전된다. 파충류는 혹한의 도래와 함께 한꺼번에 세력을 확장한 짐승의 엄니로 인해 힘을 잃었다. 일부 남은 파충류 무리는 지하로 숨어들어서 원한의 감정을 타액의 독즙과 엄니의 주사침에 위임한다. 요컨대 여기에는 척추동물의 역사를 수놓는 웅대한 흥망성쇠의 전쟁이 있었다. 비좁은 링에서 전개된 세계의 격투기 대회에서 사람들은 머나먼 조상의 피로 물든 이야기를 직관적으로 포착한 것은 아닐까? 그야말로 이것이 진정한 '꿈의 대결'이다.

하지만 몽환의 세계를 좀 더 생생하게 보여주는 것은 지금까지 우리가 살펴본 '모태의 세계'일 것이다. 고대 해수를 품은 어머니 몸속, 수정되고 1개월이 지나면 '그곳'에서는 상륙의 형상이 깊고 또 조용하게 재현된다. 이때 어머니의 눈빛에는 머나먼 곳으로 향하는, 그 무엇인가가 감지되는 것을 확실하게 볼 수 있으리라. 이것은 입덧으로 발전하기도 하는데, 이처럼 어머니의 몸은 태내에서 진행되는 격동의 역사를 필사적으로 참아내고 있는지도 모른다. 따라서 여기에서는 이를 '환상의 병'이라고 부른다.

결과적으로 인간의 몸에서 볼 수 있는 어떤 '것'에도, 일상생활에서 일어나는 어떤 '것'에도 모두 과거의 '사물'은 각각 환상의 모습으로 드러나 끊임없이 살아 있다는 사실이 분명해진다. 그리고 이것을 개인의 몸으로 직접 재현하는 것이 바로 태아의 세계일 것이다.

일본 근대의 대표적인 소설가이자 시인인 유메노 규사쿠(夢野久作, 1889~1936)는 자신의 대표작이자 일본 탐정소설의 3대 기서로 불리는《도구라 마구라》에서 '태아의 세계'와 '꿈의 세계' 사이에 먼저 '세포 기억'이라는 하나의 다리를 놓는다. 그리고 고생대의 1억 년 시간을 며칠 만에 복습하는 태아의 세계를 저자는 '황량몽(黃粱夢)'이라 했다. 즉 당나라 소년 노생이 주막에서 깜박 잠이 들어 부귀영화를 누리며 80세까지 산 꿈을 꾸었는데, 일어나보니 주인이 짓던 조밥이 채 익지 않았다는 '일취지몽(一炊之夢)'의 세계에 비유한 것이다. 아울러 이 세계는 몸을 만드는 개별 세포의 기억에 따라 지탱된다고 말한다. 우리 인간의 '생명기억'의 숙주를 천재 소설가는 이미 아주 오래전에 세포 속에서 찾았던 것이다.

그 어떤 현인, 또는 위인이라도 세포의 위대한 영능(靈能) 앞에서는 무력하다. …… 태양 앞의 별처럼 무릎 꿇고 절해야 한다. …… 인간의 꼴로 통일된 세포 대집단의 능력은 그 몇십 조분의 일에 해당하는 세포 능력의, 그 또 몇십 조분의 일에도 미치지 않는다…….

유메노 규사쿠는 이와 같은 세포 기억의 창을 통해 '태아의 세계'를 바라보았다. 딱 하나의 난세포가 지구의 바다를 무대로 거듭 펼쳐온 생물 진화의 대하드라마를, 그 누구의 지도도 받지 않고 또 그 누구의 가르침도 없이 스스로 각색, 연출해서 하나의 상징극으로 완성하고 이 상징극을 난세포 자신이 몸소 연기까지 해서 보여준다. 그야말로 장엄한 팬터마임이다. 이 무언극에서는 세포 하나가 몸을 다세포로 불리면서, 자포동물인 히드라의 환영을 보여줄 틈도 없이 급기야 그 몸을 원초적 척추동물인 어류의 옛 모습으로 변모해나간다. 그 이후 숨 가쁘게 진행되는 변화상은 어느 한 시기를 관찰하더라도, 마치 신비의 계보를 따라 흐르듯이, 분초의 흐트러짐도 보이지 않는다.

"무엇이 태아를 그렇게 시켰을까?"

유메노 규사쿠가 이 질문에 한 대답을 들으면 난세포가 지닌 지구 역사적인 생명 기억을 떠올릴 수밖에 없다. 그는 이렇게 결론을 내린다.

"난세포는 모든 것을 알고 있다."

세포 기억은 항상 비밀의 암호로 아주 작은 자기(磁氣) 테이프

그림 34 〈태아의 꿈(Taiji-kun's dream)〉
고츠 하루히코(鄕津晴彦), 1983.

에 담겨서 세포분열에 따라 배로 늘려가는 하나하나의 세포에 완벽한 형태로 전수되고 마침내 온몸의 60조 개 세포로 널리 퍼져간다.

　이렇게 해서 난세포는 물론이고 정세포, 그리고 몸을 만드는 세포도, 모두 '기억의 계보'를 자신의 핵 깊숙이 초소형 카세트테이프에 새겨 넣는 것이다. 따라서 세포들은 이 모든 것을 완벽하게 기억하고 있다. 이것이 유메노 규사쿠의 눈에 비친 태아 발생의 비밀이었다. 그는 이미 오늘날의 생명공학을 예견했던 것일까?

　한편 유메노 규사쿠는 꿈의 세계를 같은 세포 기억의 창을 통해 바라본다. 이를 형태학의 언어로 달리 표현하면, 수면 시에 우세한 내장계의 흥분이 각성 시에 우세한 체벽계의 세포 기억을 소생시킨다고 말할 수 있으리라. 일상 언어로 말하자면, 수면 중의 내장 감각이 예전에 체득한 사건을 꿈속에 불러 깨우는 것이다. 이 '체벽 기억'은 유메노 규사쿠도 강조했듯이, 탄생 이후의 기억뿐 아니라 생명 발생 이후의 모든 것을 포함하고, 더 나아가 다음 장에서 소개할 우주적인 '내장 기억'까지도 한데 모으기 때문에, 꿈을 구성하는 전체 세포 기억의 분량은 실로 어마어마한 양이 되어야 한다.

누구나 꿈속에서 경험했듯이 이 기억들은 자유방만하게 더욱이 불가사의하게 조합되어 때로 거침없이 힘차게, 때로 지리멸렬하게 시작도 끝도 없이 용솟음치고 그리고 사라져간다. 바로 이것이 유메노 규사쿠의 눈에 비친 꿈의 비밀이었다.

이렇게 해서 세포가 지닌 생명 기억의 세계를 공통 무대로 삼아 태아의 세계와 꿈의 세계가 아주 가까워지는 것이다. 두 세계 모두 그 기억이 생명의 깊은 곳에서부터 불쑥 고개를 쳐든다. 이것이 심층이라고 부르는 것의 정체이리라. 이런 생명 기억의, 전자 곧 '태아의 세계'가 일사불란한 '재현(再現)'이라고 한다면, 후자 곧 '꿈의 세계'는 술에 취해 날뛰는 주정뱅이의 '재연(再燃)'이라고 할까?

이 책 첫머리에서는 생명 기억의 회상을 이야기했다. 이는 '지금 여기'에서 '지난날의 저기'를 되살리는 세계였다. 현미의 맛에서 농경 시대가, 야자열매의 맛에서 옛날 옛적의 수상(樹上)생활이, 모유라는 실마리에서 알프스 조산운동의 옛일이, 그리고 양수에서 고대 해수의 옛 정취가 떠오른다. 여기에서 회상의 세계를 다시 한 번 돌이켜보면, 수면 중의 자극이 '지난날의 저기'

를 '꿈'으로 불러 깨우는 것과 본질적으로 다르지 않다. 이 미각 회상의 세계가 항상 꿈의, 그것도 백일몽의 향취를 자아낸 것은, 머나먼 시공(時空)이 현실에 존재한다는 점에서 양쪽이 서로 공통분모를 갖고 있기 때문이다.

그럼 이쯤 해서 태아를 살펴보자. 머나먼 시공이 여기에서도 되살아난다. 정자의 핵탄두가 방아쇠를 당긴 그것은, 난세포가 꾸는 하나의 꿈이라고 말할 수 있지 않을까? 유메노 규사쿠는 이렇게 말한다.

인간 태아는 어머니 배 속에 있는 열 달 동안 꿈을 꾼다……

따라서 이 꿈은 평범한 꿈이 아닌, 손바닥 위에서 '한 움큼 건 져 올릴 수 있는' 꿈이다. 달리 표현하면, 현실에 닿을 수 있는 꿈이다. 이렇게 태아는 진화의 꿈을 자신의 몸으로 드러내면서 끊임없이 꿈에 취한다.

수정 32일 전후에는 바리스칸 조산운동의 거대한 용트림에 몸을 떨면서 앞으로 나아가야 하는지, 뒤로 후퇴해야 하는지 내일도, 모레도 고민에 고민을 거듭한 그런 꿈이었을까? 수정 50일이 지난 즈음에는 알프스 조산운동의 산울림에서 드디어 도래한 포유류의 새벽을 예감하면서도, 정작 눈앞의 폭군 공룡의 엄니에 부들부들 떨고 있는 그런 꿈이었을까?

태아의 꿈, 그것은 "괴로운 일만 가득하다……"라고 유메노 규사쿠는 말했다. 이는 인류를 향해 쉼 없이 걸어온, 벌거벗은 원숭이들의 역경 스토리를 담은 꿈일까? 하지만 진실은 아무도 모른다. 어머니 배 속에서 자그마한 태아가 무엇인가를 추억하듯이 갑자기 다리를 밀치거나, 몸을 비비 꼬거나 때로 손가락을 꼼지락대기도 한다. 이때 태아는 어떤 꿈을 꾸고 있을까?

태어나서 아직 눈도 제대로 뜨지 못하는 갓난아기가 잠자는 동안, 갑작스레 몸을 부들부들 떨며 자지러지게 울어대거나, 또는 무엇인가를 떠올리듯이 방긋 웃는 모습을 우리는 자주 볼 수 있다. 이는 다름 아닌, 엄마 배 속에서 못다 꾼 꿈의 마지막을 실제로 꾸고 있는 것이라고 유메노 규사쿠는 말한다.

모태에 태아의 뼈만 남아 있거나 혹은 딱딱하게 뒤엉킨 머리카락과 이만 남아 있는, 이른바 아기 귀신이 가끔 발견되는 이유는 태아의 꿈이 어떤 원인으로 해서…… 단절된 잔해이다.

그는 이렇게 말하며 기묘한 글을 맺는다. 양수를 가득 채운 암흑의 공간에서 되풀이되는 태아의 세계, 이는 인류의 영원한 수수께끼로 신비의 베일 저편에 살짝 담아둔 세계일지도 모른다. 이 세상에서는 볼 수 없는 세계다. 하지만 근대의 생물학은 하나의 선을 폴짝 뛰어넘으려고 한다. 자연과학의 실증 정신이 아닌 인간이 품고 있는 주체할 수 없는 호기심이 그 불문율을 깬 것이다.

하지만 성역을 깨고 실제 확인한 바로는, 전혀 생각할 수 없는, 그리고 말로도 활자로도 표현할 수 없는 하나의 세계였다.

'태아의 꿈'에는 상상을 초월할 정도의 기나긴 세월이 덧칠해져 있었다. 이는 시간의 거리라고 해야 할까, 아니면 시간이 갖는 무게라고 해야 할까? 여기에서 유메노 규사쿠가 던진 "무엇이 태아를 그렇게 시켰을까?"라는 질문을 다음과 같이 살짝 비틀어 보자.

　"도대체 그 의미, 그 마음은 무엇일까?"

III

생명의 파동—
생명 기억의 근원

제1장
영양과 생식에 대하여

칠성장어의 변태

칠성장어라는 물고기가 있다. 눈 뒤쪽에 한 줄로 늘어선 일곱 개
의 아가미구멍 때문에 '칠성(七星)'이라는 이름이 붙었다. 고생대
실루리아기의 바다에 처음으로 모습을 드러낸 원시 척추동물의
유서 깊은 후손이다. 척추동물의 비교해부라는 야심 찬 포부를
안고 새롭게 시작하는 출발점에서 가장 연구하고 싶었던 것이
칠성장어, 즉 영광으로 가득한 '살아 있는 화석'이었다.

지인을 통해 구한 칠성장어 두 마리를 유리 비커 너머로 처음
대면했을 때 불쑥 눈에 들어온 것이 '칠성', 바로 그 일곱 개의
구멍이었다. 뒤쪽의 매끈한 몸통에 비해 맥주 통처럼 불룩 튀어
나온 칠성 부위가 마치 심장처럼 쿵쾅쿵쾅 요동쳤다. 칠성장어
의 앞쪽 끝 부분 입은 항상 쩍 벌린 상태로 나 있어서 원구류(圓
口類)라고 부르기도 한다.

나도 모르게 비커 앞에 쭈그리고 앉아서 바라보는 동안, 아가

미구멍의 박동이 폴짝 뛰어오른다. 도약과 동시에 맥박이 떨어지는 듯한 착각에 사로잡혔는데, 이내 비좁은 비커 안을 뱅글뱅글 돌기 시작한다. 이 움직임은 왠지 단조로운 느낌으로, 마치 로봇의 팔처럼 같은 속도로 끊임없이 맴돌았다. 그러는 사이에 아가미 박동도 처음의 페이스대로, 마치 모르는 척 시치미를 떼며 폴짝 뛰고 있다. '역시 범상치 않구나!' 하는 묘한 존재감이 칠성장어를 본 첫인상이다.

칠성장어의 유생은 '애머시이트(ammocoete)'라고 부른다. 유생 시기의 두드러진 특징은 식물적인 삶을 영위한다는 점이다. 하반신을 모래에 파묻고, 문제의 맥주 통 부위를 마치 옛 증기선의 통풍관처럼 강바닥 모래 위에 세운 다음, 열린 둥근 입에서 신선

그림 35 칠성장어의 유생
이 사진의 각도로는 껍질 아래에 파묻힌 눈을 볼 수 없다. 《과학 아사히(科學朝日)》, 1979.

한 물과 그 물을 타고 들어온 플랑크톤 등의 작은 먹이를 온종일 몸속으로 받아들인다. 앞에서 묘사한 쿵쾅쿵쾅 요동친 아가미 통의 박동에 따라! 이 통풍관에 '여과 영양'이라는 명칭이 붙었는데, 입에서 항문까지 하나로 이어진 관이 마치 식물의 여과기와 흡사하기 때문이다. 추측건대, 모래 밑에 숨겨진 하반신 출구에는 금붕어 똥 같은 것이 잇달아 나오지 않을까 싶다. 지렁이가 흙 속을 나아갈 때 지렁이의 장관을 통과하여 빠져나가는 흙이 거름흙이 되는 것과 똑같은 이치다.

"식물은 태양을 심장으로 삼고 하늘과 땅을 연결하는 순환로인 모세관이다."라는 말이 있다. 이는 식물의 몸이 자연스럽게 열려 있음을 뜻한다. 실제로 식물을 꼼꼼하게 관찰해보면, 잎의 표면은 동물의 장관(腸管)과 간, 허파꽈리의 내면에 해당하고, 뿌리털의 말단은 장관 내면에 솟아나 있는 융모에 해당한다.

이쯤 되면 식물의 몸은 동물의 몸에서 장관을 하나로 쭉 뽑아내서 옷소매를 걷어 올리듯이 뒤집어서 뒤엎은 모양이라고 표현할 수 있다. 이때 장관 벽에 생기는 혈관망은 안쪽으로 몽땅 유입되고, 여기에서 식물 줄기를 관통하는 관다발이 동물의 혈관계에 해당한다는 사실을 짐작할 수 있다.

이와 같은 사실을 다시 뒤집어 말하면, 하반신을 모래에 콕 파묻은 칠성장어의 유생은 하늘과 땅을 잎과 뿌리의 안쪽으로 모두 말아 넣으려는 식물 줄기에, 동물에서만 볼 수 있는 체벽계의 칼집을 덮어씌운 것으로 생각하면 된다.

다만 칠성장어의 유생은 감각-운동이라는 체벽계 본연의 기능을 제대로 가동하지 못한다. 감각의 눈동자는 여전히 껍질 아래에 파묻혀 보이지 않고, 운동을 대표하는 꼬리 역시 모래 속에 파묻혀 움직이지 않는다. 아가미 통의 요동치는 영양과 호흡 운동을 제외하면 유생의 모습에서 식물의 삶을 오롯이 볼 수 있다.

앞에서 동물 발생의 자연사를 되돌아보았을 때 고생대 캄브리아기에 나타난 다세포 개체는 폴립(polyp)으로 상징되는 식물적인 체형이라고 했는데, 이 원시 척추동물도 유생 시기에는 식물의 모습을 갖추고 몸집을 키우는 일에 전념한다. 여기에서는 이 시기를 칠성장어 생애의 '식의 생활상'이라고 부르기로 한다.

이쯤 해서 신비스러운 자연의 드라마가 막을 올린다. 드디어 칠성장어의 유생이 반짝반짝 빛나는 큰 눈을 피부 표면으로 드러내고, 꼬리 역시 커다란 노를 찰싹 붙이고 흙에서 탈출하여 동물다운 감각–운동의 삶을 새롭게 시작하는 것이다. 이는 칠성장어가 어른이 되었음을 의미한다. 성인이 되어서 마침내 생식을 시작하는 것이다. 이 시기를 여기에서는 칠성장어 생애의 '성의 생활상'이라고 부르기로 한다.

유생 시기를 거친 어른 칠성장어를 '람페트라(Lampetra)'라고 부르는데, 이는 '핥다'라는 뜻의 'lambo'와 '암석'이라는 뜻의 'petra'가 합쳐진 말이다. 글자 그대로 칠성장어는 바위를 핥으면서 오직 앞으로 나아간다. 이는 바위에 달라붙어서, 떠내려가지 않도록 몸을 지탱하며 이 바위에서 저 바위로 산란장을 목표로 바위를 따라 전진하는 것이다. 칠성장어의 모습에서는 연어처럼 자유롭게 유영하는 모습을 찾아볼 수 없다.

오늘날의 칠성장어도 그러하지만 고생대 실루리아기 때의 화석을 보면 가슴지느러미도, 배지느러미도 모두 없다. 이는 바다 밑에서 꼬리를 좌우로 펄럭거리며 기듯이 앞으로 나아가기 때문이다. 꼬리 운동이 상징하듯이, 칠성장어의 화석 부조에 남은 것은 '두 개의 반고리관'에 그친다. 이는 삼차원의 담수 속을 자유롭게 헤엄치며 턱뼈를 이용해 먹잇감을 덥석 깨무는 경골어류가 '세 개의 반고리관', 즉 '세반고리관'을 확실히 갖춘 것과 보기 좋게 대조를 이룬다. 이런 모습에서도 칠성장어의 감각-운동이 미숙하다는 사실을 짐작할 수 있다. 앞서 소개했듯이, 해수에서 담수로 이차원에서 삼차원으로, 그리고 무악(無顎)의 '여과 영양'에서 유악(有顎)의 '포식 영양'으로, 칼레도니아 조산운동은 척추

그림 36 칠성장어의 성체
눈앞 쪽 머리 꼭대기에 구멍이 나 있는 콧구멍을 더해서 독일어에서는 '아홉(Neun) 개의 눈(auge)'이라는 뜻으로 'Neunauge'라고도 부른다. 《아사히 라루스 동물백과(朝日ラルース動物百科)》, 160호.

동물에게 최초의 진화를 재촉하는데, 진화 이전의 모습이 '바위를 핥는다'는 이름을 통해 극적으로 드러난다.

하지만 칠성장어는 어떻게 해서든지 개체 운동을 시작한다. 이는 산란장으로 향하기 위함이다. 이 단계에서는 마시지도, 먹지도 않는다. 아니, 바위에 들러붙어 있기 때문에 애초부터 제대로 먹을 수도 없었다. 아가미 호흡의 물은 아가미구멍으로 들이마시고 아가미구멍으로 토해내는, 마치 육상동물의 허파 호흡 형태로 변모한다. 그리고 내장을 담은 체강은 필요한 만큼의 에너지를 저장한 간과 노폐물을 배출하는 콩팥과 이들 순환을 관장하는 심장, 이렇게 세 가지만 남기고 모두 아기 씨로 빵빵하게 채운다. 덧붙이자면 장관(腸管)은 갈기갈기 찢어져서 기생충처럼 변한다. 비장한 각오로 거사를 도모하는 것이다. 이는 제1장에서 소개했던, 죽음의 여정을 떠나는 연어의 귀향을 떠올리게 한다.

가까스로 목적지에 도착한 칠성장어는 물밑의 자갈에 붙어 이 돌을 하나씩 움직여서 작은 구덩이를 만든다. 그리고 암컷과 수컷은 구덩이 주위에 있는 가장 크고 반듯한 돌에 흡착하여 함께 나란히 난자와 정자를 방출한다. 방출과 동시에 개체는 '죽음'을 향해 곤두박질친다.

이렇게 해서 원시 척추동물의 후손이 '식'의 생활상과 '성'의 생활상을 뚜렷하게 구분 짓는다는 사실이 명확해졌다. '섭식'의 기간은 애머시이트라는 유생의 이름으로, '생식'의 기간에는 람페트라라는 본명으로 불리며, 개체의 체제도 식물 시스템에서 동물 시스템을 향해 대변신을 거듭하는 것이다. 그야말로 '변태'

라는 단어가 어울리는 대목이다.

　변태가 얼마나 생명적인 속성을 갖추고 있느냐는 지라 부분에서도 서술했듯이, 처음에는 장관 벽에 파묻혀 조혈(造血)을 한꺼번에 담당했던 지라가 변태와 함께 조금씩 지방조직으로 대체되고 장관이 퇴화하면 이를 대신할 조혈기관은 전혀 보이지 않게 된다는 점에서도 변태의 생명력을 알 수 있다. 다시 말해 새로운 피가 생성되지 않는 것이다. 혈액을 축적하는 에너지가 생식 물질을 축적하는 에너지로 180도 용도 변경을 한 것이리라.

　조금 전문적인 이야기를 해보면 유생 시절, 아가미장의 바닥에 구멍을 열고 먹이를 둥글게 돌돌 감는 점액 분비에 가담하던 하나의 외분비샘이 변태와 함께 도관(導管)을 잃고 내분비성 갑상샘으로 변신하여, 이후에는 물질대사의 촉진에만 참여한다. 이는 처음의 저장적인 '동화(同化)' 방향에서, 훗날 소비적인 '이화(異化)' 방향으로 기관의 기능을 전환한 사례인데, 이처럼 보통 척추동물에서는 찾아보기 힘든 생활상의 전환이 원시 종(種)에서는 뚜렷하게 보일 때가 있다.

　생물의 근원적인 양대 본능이라고 하면, '개체 유지'와 '종족 보존'을 꼽을 수 있다. 개체 유지는 잘 먹고 몸을 쑥쑥 키우는 일이고, 종족 보존은 온 힘을 기울여 자손을 만드는 일이다. 칠성장어는 이 두 가지 거사가 전 생애에 걸쳐 두 갈래로 나뉘어, 대조적인 식 생활과 성 생활을 각각 영위하는 것이다. 이는 영양도, 생식도 서로 뒤죽박죽 뒤섞인 우리 인간에게 뭔가 눈이 번쩍 뜨이게 하는 삶이 아닐까 싶다.

그런데 이와 같은 생활상의 교체는 식물의 세계에서 좀 더 극적으로 나타난다.

식물의 변신

1790년, 괴테는 당시 바이마르(Weimar) 독자의 의표를 찌르듯이, 다음 작품을 애타게 기다리는 출판사의 뜻을 거스르듯이, 시쳇말로 하면 아마추어의 자연과학 학술 논문을 세상에 발표했다. 물론 정식 학회를 거치지 않았고, 논문을 실을 만한 적당한 잡지도 없었다. 당연히 괴테가 자비로 출판했는데, 이름하여《식물변태론(Versuch die Metamorphose der Pflanzen zu erklären)》! 마흔, 불혹 때 일어난 사건이다.

이후 40여 년 뒤인 1831년이 거의 끝나갈 즈음, 이번에는 바이마르 국민의 기대를 완전히 저버리기라도 하듯, 필생의 역작인《파우스트(Faust)》제2부(Der Tragödie zweiter Teil)의 생전 공개를 단념하겠다는 취지의 친서를 카를 빌헬름 폰 훔볼트(Karl Wilhelm von Humboldt, 1767~1835) 총장에게 보냈다. 원고는 가제본으로 엮이면서 구약성서의 문장에 따라 일곱 개의 봉인이 덧붙여져, 손궤에 소중하게 보관되었다. 괴테의 편지를 읽고 너무 놀란 훔볼트는 괴테를 설득하기 위해 절절한 장문의 답장을 썼고, 괴테는 심사숙고한 뒤 이렇게 회답했다.

내가 늘 감사히 여기고 존경하는 많은 분에게, 더욱이 살아 있는 동안 진심으로 재치 있게 분별해서 의견을 들을 수 있다면, 나에게 더할 나위 없이 기쁨이 된다는 사실은 전혀 의심할 여지가 없습니다. 그렇지만 요즘은 너무나 어리석은 생각으로 혼란에 빠져 있습니다. 그리하여 나는 이렇게 믿습니다.

내가 아주 오랫동안 해온 노력이, 이 독특한 완성 작품 때문에 어설프게 칭찬을 받고 세상에 나올 경우 마치 파편이 되어 드러누운 난파선처럼, 바로 시류의 모래언덕에 파묻혀버리게 될 테지요.

혼란스러운 사건과 혼란스러운 여러 이론이 세상을 어지럽히고 있습니다. 하지만 친애하는 당신이 학교에서 뜻을 이루고 있듯이, 나는 내 처지에서 남아 있는 것을 향상시키거나, 내 개성이라고 말해야 마땅한 것을 되풀이하고 또 맑게 하는 것 이외에는 서둘러 해야 할 일이 없을 듯합니다.

이 편지를 마지막으로 괴테는 닷새 뒤 여든세 살의 생을 마감한다. 오늘날 우리가 노시인의 심경을 모두 미루어 헤아리기는 힘들 것이다. 그럼에도 단 하나의 추측이 허락된다면, 평생 써내려간 작품의 성공을 절친한 벗과 나누는 즐거움을 훌쩍 뛰어넘을 만한, 어떤 장엄한 세계가 한 개인의 인간 내면에 충만해 있지 않았을까 하는 추론이 아닐까 싶다. 도대체 그것은 어떤 세계였을까?

작품의 공개 발표를 단념하는 첫 편지 끝 부분에서, 읽기에 따라서는 '이제 그것은 그 정도로 충분하다'는 분위기로 이야기를 진행하며, 아울러 불혹의 괴테가 쓴 《식물 변태론》의 등장을 결코 그냥 지나쳐서는 안 된다고 생각한다. 《식물 변태론》을 프랑스어로 번역 출간하기 위해 일이 추진되는 것에 힘입어, 괴테는 이렇게 솔직하게 고백하고 있다.

> 최근 나는 이 자연 현상에 점점 깊이 사로잡히고 있습니다. 이는 나를 원초적인 영역의 일로까지 유혹해서, 마침내 그곳에 꼼짝없이 머무르게 합니다.

아무래도 나는 이 시인의 창작열을 의식의 가장 깊은 곳에서 지탱해온 정체가 '그곳' 즉, 자연 현상과 왠지 관련이 있을 것 같은 예감을 떨쳐버릴 수 없다. 분명 이런 내 주장을 들으면 괴테 전문 연구가가 실소를 자아낼 것이 확실하다. '장님 코끼리 만지는 격'이라고 흉을 봐도 어쩔 수 없다. 그렇지만 식물의 세계는 그 장님의 눈에 빛을 부여하기보다 인간의 모든 번뇌를 한입에 꿀꺽 삼키지 않을까?

괴테의 심안(心眼)에 비친 식물의 자연, 그것은 바로 생물 본래의 모습이었다. 시인은 한해살이풀의 생에 마음을 온통 빼앗겼다. 식물의 세계에는 싹을 내서 잎을 무성하게 키우고 점차 성장해가는 '생장 번성'의 모습과 이어서 봉오리를 내밀어 꽃을 피우고 열매를 맺어 나가는 '개화 결실'의 모습이 있다. 생장은 확대, 그리고 개화는 수축의 모양새다. 이 박동적인 생의 두 얼굴은 '자연의 지도'를 따라 식물이 어떤 한 가지를 쌍극으로 변신시킨 결과가 아닐까 싶다고 괴테는 말한다.

이 시인에게 잎의 마음과 꽃의 마음은 식물의 생을 지탱하는 훌륭한 대극(對極)이었다. 어떤 하나가 때로 잎의 모양새를 띠고, 때로는 꽃의 모습으로 변신한다. 자연의 뜻 그대로……. 흔히 화가의 눈에는 푸릇푸릇한 잎에 불그스름한 꽃이 감돌고, 꽃잎에 잎사귀의 그림자가 비친다고 일컬어지듯이, 잎과 꽃은 결코 다른 것이 아니었다. 《식물 변태론》의 머리말에서 괴테는 식물을 관찰한 결과를 다음과 같이 서술했다.

식물의 생장을 조금이라도 관찰해보면 각 부분(씨앗, 떡잎, 줄기 잎, 꽃받침, 꽃잎, 수술, 암술)이 어떨 때는 빠르게 또 어떨 때는 천천히 그 꼴을 바꾸어 각각 다음 부분으로 이행하는 모습을 금세 눈치챌 수 있으리라.

이와 같은 광경을 저마다의 시선으로 바라본 적이 있을 것이다. 똑같은 봄 나무의 꽃이라도 명자꽃과 목련은 전혀 다르다. 명자는 잎에서 꽃받침을 거쳐 꽃봉오리에 이르는 경과가 완만해서 언뜻 보기에 헷갈리기 쉽다. 반면 목련은 울창한 녹색 잎이 진 뒤에 앙상하게 마른 잎이 겨우내 이어지기 때문에 봄을 알리는 흰 꽃이 무척 신선하게 다가온다. 괴테는 이런 '이행'의 모습을 한해살이풀에서 찾아냈다.

최초의 떡잎이 시작되고 최후의 열매를 완성하기까지 항상 점진적인 움직임을 볼 수 있는데, 이 세계에서는 하나의 형태가 어떤 눈에 보이지 않는 사다리를 타고 오르듯이 한 단계씩 상위 형태로 진입하여 마침내 자연의 절정을 이루는 양성 생식에 도달한다.

이렇게 모든 식물은 때가 되면, "억누를 수 없는 충동과 강인한 노력으로 꽃을 피우고 사랑의 행위에 몰두하기" 마련인데, 이 자연의 흐름에는 가끔 정체 현상이 나타난다.

겹꽃이 켜켜이 나는 것은 암술과 수술 대신 꽃잎만 거듭 나올 때로…….

여기에서는 '사랑의 행위'가 시작되기 바로 직전에 화려한 망설임이 다양하게 관찰되는데, 시인의 눈에는 이 망설임이 다음과 같이 비친다.

흡사 자연은 이완, 허탈의 상태가 되어 자신의 작품을 결말 없이 나약하게 내버려둔다. 물론 겉으로 보기에는 좋게 보일지 모르지만, 결국 내적인 힘과 움직임이 부족한 상태로 방치하는 것이다.

그리고 이 망설임이 마침내 하나의 좌절로 더 역행한 것이 '제

대로 피지 못한' 문제의 장미라고 한다. 이 기형 장미는 꽃잎에
이어 암술과 수술이 나오지 않고 줄기가 뻗어 나와 마치 꽃잎이
움츠러든 것 같은 잎사귀 모습을 한다. 개화 결실을 얻는 대신
도중에 방향을 틀어서 더 길게 생장 번영을 누리려는 것일까?

괴테는 두 번째 이탈리아 여행에서 로마에 머물렀는데, 그때
교외 울타리에 핀 덩굴장미에서 제대로 피지 못한 기형 장미를
발견하고 열심히 스케치했다. 그는 자연이 가르쳐주는 역행의
본보기에서 식물 본연의 삶의 방향을 실감한다. 이것은 생장 번
성의 삶과 개화 결실의 삶이 양팔 저울의 가로대처럼, 어느 한쪽
만으로는 성립하지 않는, 두 개가 한 쌍이 되는 관계에 놓여 있
음을 뜻한다. 우리는 이런 양쪽의 관계를 '극성 관련'이라는 단
어로 즐겨 부른다. 이는 뒤에서 설명하겠지만, 이어지는 파도에
서 마루와 골 혹은 오름과 내림으로 상징되는 쌍극의 세계에 속
하는 것이다.

결과적으로 칠성장어의 생애를 확실하게 구분한 식의 생활과
성의 생활을, 식물의 세계에서도 똑같이 볼 수 있다는 사실이 분
명해졌다. 더욱이 식물의 경우, 기본 형태가 식의 생활에서는 씨
앗에서 떡잎을 거쳐 줄기잎으로, 또한 성의 생활에서는 꽃받침
에서 꽃잎을 거쳐 수술과 암술로, 완급을 조절하며 자유자재로
이행하는 모습을 관찰할 수 있다.

괴테는 이런 기본형을 한 장의 잎이 달린 줄기에서 찾아내서,
하나의 단위라고도 말할 수 있는 형태에 식물의 근원 형상, 줄여
서 '원형 식물'이라는 이름을 붙였다. 그리고 이 기본형이 식의

생활에서는 마치 인간 사다리를 쌓아올리듯 계속되는 무성 생
식을, 성의 생활에서는 암수의 성기로 압축한 동시적인 유성 생

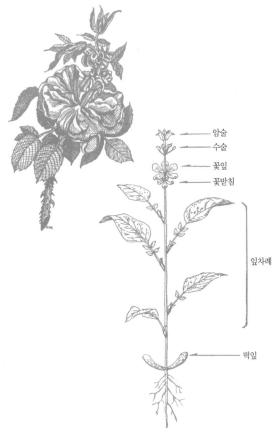

암술
수술
꽃잎
꽃받침

잎차례

떡잎

그림 37 식물의 변신

오른쪽 그림은 식물학자인 빌헬름 트롤(Wilhelm Troll, 1897~1978)이 괴테의 묘사를 알기
쉽게 그린 그림이다. 확대와 수축, 계속과 동시의 관계가 글씨처럼 고스란히 그림에 드러나
있다. 위의 장미 그림은 괴테의 수채화를 선묘로 다시 그린 그림이다. 먼저 성의 방향을 지
향했던 것에서 식으로 되돌아오는 형태는 생장의 극단적인 지연 현상으로, [그림 6]의 가속
현상 즉, 식의 도중에 빠르게 성이 성숙하는 '유형 진화'와 대조를 이룬다.

식을 이룩한다고 생각했다. 이를 '식물의 원형과 변신(Metamor-phose)'이라고 부른다. 이는 '식에서 성으로의 이행이 잎을 꽃으로 변신시키는' 세계와 일맥상통한다고 말할 수 있다.

괴테에게 식물의 변신은 '자연의 지도', 말 그대로 하늘의 운명에 따르는 것이었다. 우리는 벼의 일생을 볍씨 시절부터 줄곧 지켜보고 있다. 봄에 녹색 못자리에서 무논으로 옮겨 심는 모내기를 하고 여름 내내 쑥쑥 키워서 가을바람과 함께 황금의 파도가 넘실대는 수확의 계절을 맞이한다. 이와 같은 일 년 동안의 삶을 우리 조상은 옛 농경 시대부터 매해 쉬지 않고 황도를 도는 지구의 회전과 함께 반복해왔다. 그리고 식물의 변화를 십간십이지의 형상에 의지하며 이를 자연의 이치로 받아들였는데, 역시 괴테의 눈도 이와 본질적으로 다르지 않았으리라. 공개 발표를 단념하겠다는 마지막 편지의 첫머리에서 괴테는 이렇게 언급한다.

동물은 기관(Organe)을 통해 가르침을 받고 다스려진다고 옛 철학자는 말했습니다. 그 말에 한마디 덧붙입니다. 인간도 마찬가지라고. 하지만 인간은 반대로 기관을 가르치고 다스리는 특징을 갖추고 있다고 말입니다.

자연의 뜻이 명령하는 대로 식과 성의 영위에 전념하는 동물의 모습을 '기관에게 혹사당한다'며 거침없이 표현한 시인이지만, 편지의 행간을 읽어보면 노 시인의 마음 한구석에는 이를 하늘의 운명이라고 보는 하나의 계기가 이미 형성되어 있음을 미묘하게 느낄 수 있지 않을까?

다만 괴테가 인간의 특징으로 파악한, '반대로 기관을 가르치고 다스리는' 기능을 이성에 따른 동물적 충동의 제어로 해석하지 못할 것 같다. 그도 그럴 것이 괴테가 생각하는 이성이란, '인간을 그 어떤 동물보다 더 동물답게 만드는'(《파우스트》 제1부) 애물단지이자, 스스로 성공이라고 부르는 《파우스트》는 '이성적인 독자의 뜻과는 정반대로 매듭지어진'(《공개 단념의 편지》) 결과물이기 때문이다.

선악과를 먹은 이성인에게 식의 세계란, 분명 굶주림의 공포를 초래하는 것, 그 이상도 그 이하도 아니었다. 또한 이성인에게 성의 세계란, 도덕(moral)과 연관된 것을 각자 눈앞에 들이대지 않고서는 그냥 넘어가지 못하는 일종의 대체품이었다. 고전 그리스의 관능과 크리스트교의 계율, 두 세계 사이에서 최고의 시인을 인도한 것, 그것은 한해살이풀의 생을 지탱한 하늘의 운명이라고 나는 생각한다.

영양과 생식의 위상 교체

지금까지 생물의 세계에서 나타나는 두 가지 생명 형태, 즉 영양(食)과 생식(性)을 원시 척추동물인 칠성장어와 괴테의 눈에 비친 한해살이풀에 비추어 살펴보았다. 그럼 이번에는 식과 성의 생활상을 더욱 명료하게 구분하기 위해 원시 생물을 자세히 관찰해보자.

원시 양치식물의 조상은 고생대 실루리아기 말에 동물보다 한발 앞서 육지에 상륙한 최초의 식물이다. 당시 지층에서 원시 석송, 속새, 솔잎난의 화석이 출토었는데, 이 식물들은 이후 석탄기의 고대 녹지에 찬란한 삼림을 조성했다고 한다. 이것이 바로 오늘날 석탄의 모체다. 이 가운데 당시 포자식물의 체형을 극단적으로 축소해 생존해온 대표 주자가 지금부터 거론할 양치식물이다.

양치식물은 정자와 난자 이외에 포자라는 무성 물질을 만든다. 이렇게 포자, 즉 홀씨를 통해 자신의 일생을 분리하여, 영양과 생식의 두 가지 생활상으로 완전히 구분한다. 요컨대 포자가 중간에 개입함으로써 삶의 무대가 전반과 후반의 두 갈래로 완전히 나뉘는 것이다.

먼저 인생 제1막을 연출하는 아주 잘게 조각난 잎은 그저 잎일 따름이다. 꽃을 피우지도 않고 수술이나 암술을 내지도 않으며 들쭉날쭉한 톱니 안쪽에 하나씩 자그마한 검은 주머니를 달고 그 안에 티끌같이 작은 알갱이의 포자만 가득 채울 따름이다. 여기까지가 식의 생활상이다. 다음 인생 제2막은 포자에서 싹튼 전엽체가 연출하는데, 이 전엽체에서 비로소 암수 성기가 나오고 수분을 매개로 수정란을 만든다. 여기까지가 성의 생활상이다. 이후 이 수정란에서 다음 세대의 식의 생활상이 새롭게 시작된다.

이처럼 식의 무대는 무성 포자가 활동하므로 '무성 세대', 그리고 성의 무대는 난자와 정자가 활약하므로 '유성 세대'라고 부른다. 게다가 무성 세대보다 유성 세대는 사람들 눈에 띄지 않기 때문에 두 가지의 생활상은 전혀 다른 세대의 인상을 준다. 여기에서 본래 의미의 '세대교번'이라는 명칭이 생겨났다. 따라서 영양과 생식의 극성을 단적으로 드러내므로 이를 으뜸으로 거론해야 한다.

원시 동물인 히드라의 경우, 양치식물과 같은 수정란에서 무성 세대가 시작되는데 이는 폴립 형태를 띤다. 입을 위로 벌리고 입 주위의 촉수로 먹잇감을 섭취하여 마침내 그 몸통에서 어린 폴립을 발아시킴으로써 식물처럼 성장과 번성을 도모한다. 바로 식의 생활상이다. 반면 성의 생활상에서는 새로 발아한 원통형 폴립에서 태어난 생식 세대인 해파리가 바닷속을 부유하면서 밑으로 벌린 입으로 먹잇감을 흡수하여 암수로 성장하고 난자와 정자를 키우는데, 이 떠다니는 난소와 떠다니는 정소에서 방출된 성 물질을 매개로 수정이 이루어지고, 다음 영양 세대인 히드라가 다시 생겨난다.

지금까지 식과 성의 생김새가 대조적인 식물과 동물의 모습을 살펴보았다. 이처럼 전혀 다른 생활상은 앞서 소개한 칠성장어보다 훨씬 두드러진다. 과연 활기찬 성과 활동적인 생식 세대는 무엇을 의미할까? 성의 무대를 식의 무대에서 완전히 격리하려고 하는 것일까? 양치식물의 포자 살포도 같은 의미일까? 두 가지의 세대를 정(靜)과 동(動)의 쌍극으로 나누어 교체시키는 이 현상의 내면에는 무언가 알 수 없는 자연의 섭리가 느껴진다.

이른바 고등 식물에서는 세대교번도 없고, 칠성장어의 변태도 없다. 하지만 두 갈래의 생활상은 제1장 〈귀향의 생리〉에서도 서술했듯, 연어의 '회유(回游)'라는 형태로 지금도 엄연히 존재한다.

연어는 고향인 강바닥에서 부화한 뒤 발생을 거듭하여 치어로 성장하는데, 이후 강을 내려와 조상 대대로 전해 내려온 사냥터인 바다로 향한다. 바다에서 배를 든든하게 채운 후에 고향 강을 향해 바다를 거슬러 돌아간다. 배 속의 난소와 정소는 오직 성숙을 거듭하여 하구에 도착할 무렵에는 이미 난소와 정소가 배에 가득해서 장은 찌부러진다. 강을 거슬러 올라갈 때에는 아무것도 먹지도 마시지도 않는다. 가까스로 부화 지점에 도착한 암수는 각각 산란과 방정을 마치고 조용히 생을 마감한다. 따라서 바다에서 성장을 마치는 시기까지가 식의 생활상, 고향에서 수정을 마치는 시기까지가 성의 생활상이 된다. 사냥터인 바다는 곧 식의 무대가 되고, 고향인 강은 성의 무대가 되는 셈이다.

연어의 일생은 이렇게 영양과 생식의 두 시기로 나뉘고, 두 장소는 완벽하게 구분된다. 식과 성의 위상 교체에 동반되는 장소 이동은 다른 물고기에서도 볼 수 있는데, 이를 '회유어'라고 폭넓게 부른다. 특히 고향 강바닥에서 죽음을 무릅쓰고 거행되는 일생일대의 성의 제전은 앞에서 소개한 고향 회귀와 관련해 그 본래의 의미를 충실히 대변하는 장면이리라.

대부분 무척추동물, 특히 곤충의 일생에서는 두 갈래의 생활상이 독자적인 색채를 띠며 나타나지만, 고등 척추동물에서는 일생일대의 극적인 장면이 완전히 자취를 감추었다. 뒤에서 소개하겠지만, 일 년 주기로 식과 성이 교체하기 때문에 성은 매해 봄마다 찾아온다. 식물의 여러해살이풀처럼!

한편 일반적인 포유류와 마찬가지로 인류는 '다년생'이다. 따라서 당연히 교체 현상을 볼 수 있어야 한다. 하지만 앞에서도 다루었듯이, 특수한 영장류의 세계에서는 성의 생활상이 여성의 생리라는 잔불에 희미한 옛 모습을 남기고 거의 흔적도 없이 소멸했다. 그리고 시도 때도 없이 발정하는 남성의 세계에서는 식과 성의 칸막이가 사라져버린 비상사태가 발생했다. 개체 유지와 종족 보존의 본능이 마치 두 켤레의 짚신을 신듯이, 동시 진행의 형태로 변모하게 된 것이다. 이는 생물 진화의 여정에서 나타난, 혹은 예상도 못한 사건이었는지도 모른다. 괴테가 평생 끊임없이 추구해온 인간과 동물의 차이를, 만약 생리적인 측면에 국한해서 포착한다면 인간의 동시 진행에 초점을 맞추어야 할 것이다.

이 문제는 차차 알아보기로 하고, 우선 [그림 38]을 살펴보자. 그림에서는 두 가지 생활상의 교체가 물결 모양으로 드러나고, 식의 생활상이 오르막길, 성의 생활상이 내리막길로 각각 표시되었다. 동물의 대표로 척추동물의 양 끝을 장식하는 칠성장어와 인간이, 또한 식물의 대표로 세대교번이라는 이름을 만들어낸 양치식물이 각각 선정되었다. 더욱이 그림에서는 인간이 한해살이풀이라기보다 연어와 같이 일생일대의 성을 영위하는 존재로 묘사되었다.

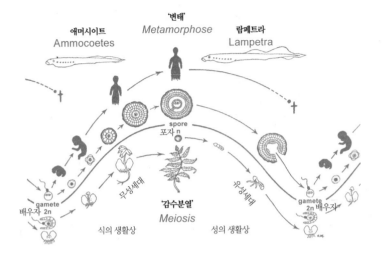

그림 38 생명의 파동

이 책의 기본 방향을 나타내는 그림. 생물의 생명과 관련된 학문, 예술은 이 흐름에서 한 걸음도 비켜날 수 없다.

여기에서 주목해야 할 점은 식물과 동물의 차이다. 요컨대 영양과 생식 관련 세포가 식물에서는 일차원인 데 비해, 동물에서는 이차원적으로 발생한다는 점이다. 이미 잎에서 꽃으로 변신한 모습에서 확인했듯이, 식물의 경우 영양과 생식의 위상 교체에 따라 잎을 만드는 영양 세포가 어느새 꽃가루와 씨방을 만드는 생식 세포로 변신을 거듭했지만, 수정란은 그대로 어린싹과 어린뿌리 세포로 돌변한다. 괴테가 본 식물 변신의 세계는 세포 차원에서도 살아 있었다.

한편 동물의 경우, 발생 초기부터 영양을 관장하는 체세포와 생식을 관장하는 성세포가 함께 모습을 드러낸다. 우선 식의 무대에서는 주인공인 체세포가 분화 증식해서 태아의 세계를 연출한다. 그 체강의 한쪽 귀퉁이에서 성세포는 미분화의 모습으로 잔뜩 움츠려 있다. 이런 성세포의 모습은 무대 뒤에서 화장도 하지 않고 무대 의상도 갖춰 입지 않은 채, 오직 자신의 차례를 기다리는 배우의 얼굴을 연상시킨다. 식물의 세계에서는 상상도 할 수 없는 일이다.

이어서 성의 무대가 가까워지면, 성세포는 서서히 분화 증식해서 체세포에게 성호르몬을 거듭 부여하는데, 마침내 위상 교체의 순간 성세포는 극적인 '감수분열'을 단행하고 드디어 주인공으로 변신한다. 이 감수분열은 조만간 찾아올 수정에 대비해서 미리 자신의 염색체를 반감시키는 엄숙한 행위다. 이후 성세포는 잠시 무대 뒤에 숨은 주인공이 되어서 성숙한 체세포 무리를 자유자재로 조종한다. 이렇게 무대 위에서는 서로 자신의 반쪽을 구하는 양성의 모습이 그려지고, 역사적인 커플 탄생과 함께 무대 뒤에 숨어 있던 주인공은 무대 정면으로 힘차게 뛰어오른다. 이미 난자와 정자로 화려한 의상을 갖춰 입은 그들은 찬란한 접합의 춤을 추고, 드디어 피날레의 절정을 장식하며 성의 무대는 막을 내린다.

여기에서부터 다음 세대의 식의 무대가 새롭게 막을 올리는데, 이때 무대 구석에 남아 있던 체세포 한 쌍이 길고 짧은 다양한 여생의 길을 더듬어가는 장면이 인상적이다. 어떤 것은 연어의 일생과 같이 죽음으로 곤두박질친다. 또 다른 것은 날짐승의 알 품기나 들짐승의 젖 먹이기에서 볼 수 있는 조연 역할을 성실히 수행한 다음, 서서히 죽음을 향한 행진에 가담한다. 이는 체세포라는 존재가 밟아가는 하나의 숙명일 것이다.

이쯤 되면 지금까지 우리가 조망해온 태아의 세계가 어느 생활상에 위치하는지 또렷이 보이지 않는가? 이어지는 본문에서도 이야기하겠지만, 영양과 생식의 위상 교체를 '생명의 파동'이라고 부르는데, 인간 태아의 발생은 생명 파동의 출발점에서 거듭 울려 퍼지는 체세포의 극적인 분화를 나타내는 단계에 해당한다. 바꿔 말하면 식의 무대 개막전에서 최초로 거행하는 생명 발생의 상징극이 될 것이다. 이는 서로 반쪽을 찾기 시작하는 성의 무대 개막전과 대극(對極)에 위치해야 한다.

앞서 〈태아의 꿈〉에서 '생명 기억의 재현을 재촉하는 것은 무엇일까?'라는 질문을 던졌다. 우리는 이 심오한 세계에서 생명의 파동이 거대한 지하수가 되어 유유히 흐르고 있다는 사실을 새삼 깨달을 수 있다.

제2장
내장 파동

생명의 파동

모든 생물 현상에는 파동이 있다. 이는 각각의 움직임을 곡선으로 나타내면 그 곡선에는 크기와 상관없이 파형이 그려진다는 사실을 의미한다. 마루가 있으면 골이 있고, 골이 있으면 마루가 있듯이 마루와 골은 완만하게 옮아가면서 교대한다. 이는 오르막길이 있으면 내리막길이 있고, 반대로 내리막길이 있으면 오르막길이 있다고 달리 표현할 수 있을 것이다. 따라서 파동에는 반복이 당연히 존재한다. 마루라면 조금씩 형태가 바뀌면서 마루의 모양이 미묘하게 다른 주기로 되풀이된다. 보통 반복이라고 하면 똑같은 되풀이를 연상하지만, 자연계에는 동일한 반복이 존재하지 않는다. 아무리 유사하더라도 둘 사이에는 반드시 미묘한 뉘앙스의 차이가 있기 마련이다. 수면에 이는 물결 모양을 보면 바로 알 수 있다.

그럼 먼저 생물 현상에서 나타나는 각종 파동을 살펴보기로 하자. 맨 처음 세포로 들어가서 신경세포의 활동 상황을 전기(電氣)적으로 조사하면 하나에는 세포파, 집단에는 뇌파의 형태로 각각 기록된다. 물론 초(秒) 단위 이하의 주기로, 전자는 간단한 파형을, 후자는 복잡한 파형을 그린다.

그다음으로 장기를 관찰해보자. 민무늬근으로 이루어진 장기는 수축을 되풀이한다. 혈관은 눈에 보이지 않는 폭으로 운동한다. 심장은 살아 있다는 유일한 증거로 쉬지 않고 박동을 멈추지 않는다. 아가미 호흡도 마찬가지로, 허파 호흡에서 볼 수 없는 역동감이 느껴진다. 아가미의 모체인 장관은 꿈틀대고, 위도 방광도 그리고 자궁도 모두 파도친다.

개체와 관련해서도 파동을 설명할 수 있다. 활동과 휴식의 파동에는 저마다의 주기가 있다. 이는 수면과 각성의 파동이나 호황과 불황의 파동 등으로 다양하게 드러나는데, 종(種)의 차원이 되면 규모가 어마어마하게 커진다. 물고기의 회유와 철새의 도래, 이것은 이미 지구적인 왕복 운동이 아닌가?

그 밖에도 종의 흥망에 파동이 있는가 하면, 체형에도 주기적인 변화가 있다. 한편 생물의 몸에는 종종 파동 현상이 각인되어, 천연 오실로그래프(oscillograph, 시시각각 변화하는 신호의 파형을 관측, 기록하는 장치—옮긴이)로 영원히 머무를 때가 있다. 모든 리듬 구조가 이에 해당한다. 특히 나무의 나이테는 대표 사례로 꼽히는데, 나무를 가로로 자른 면에 떠오르는 규칙적인 동심원은 '연하게 진하게 연하게 진하게'를 반복한다. 이처럼 나이테의 모양은 사계절의 추이를 오롯이 비추는데, 실제 수령이 3천 년이 넘은 고목의 단면에는 천하태평 시절을 알리는 선명한 나이테 무늬가 관찰된다고 한다.

이와 같은 연륜(年輪) 구조가 동물에서 나타나는 사례는 그다지 발견되지 않았다. 동물 세포의 경우 성장하면서 떨어져 나가서 흔적을 남기지 않는다는 선입견이 있기 때문이다. 하지만 치아나 손톱 등의 딱딱한 경(硬)조직에는 기록이 정확하게 남는다. 특히 치아 단면에는 나이테와 똑같은 동심원의 줄무늬가 보이는데, 이는 인간의 치아나 동물의 이빨이나 매한가지라고 한다.

나는 도쿄의과치과대학교에서 '닭의 나흘째'와 같은 역사적인 순간을 맞이했는데, 이 학교는 특히 일본 최초의 치의학 교육기관으로 유명하다. 지금 소개할 오카다 마사히로(岡田正弘, 1900~1993) 선생은 도쿄의과치과대학교의 약리학교실을 육성했고, 이후 학장으로 취임하여 오랫동안 학교 발전에 이바지한 인물이다. 약리학자로서 경조직의 생리와 약리를 연구한 오카다 마사히로 선생의 혜안은 치아 단면에 보이는 줄무늬 모양의 의미를 간과하지 않았다는 데 있다. 연구실에서는 납이 경조직에 침착되는 성질을 이용하여, 토끼에게 일정한 날짜마다 아세트산 납 수용액의 정맥 주사를 놓는 실험을 진행했다. 자연은 인간의 눈에만 수수께끼를 푸는 열쇠를 선사한다고 했던가. 실제로 실험 결과는 명료했다. 검정 줄무늬가 선명하게 착색 날짜를 기록하고 있었다. 단면의 줄무늬는 그야말로 '일륜(日輪)' 구조였다. 낮과 밤의 리듬은 보통 염색 표본에서도 확실하게 관찰되는 '연하게, 진하게'의 줄무늬가 인간 치아에 각인된다고 한다.

오카다 마사히로 교수는 토끼의 실험에서 '7일 주기'를 발견했다. 나는 이 실험 결과를 과학사에 빛나는 발견이라고 생각한다. 현미경 표본에서는 분명 7일째 즈음에 같은 느낌의 줄무늬가 되풀이되었다. 토끼에게도 7일의 주기가 있었던 것이다. 이와 같은 시각으로 보면 어떤 동물의 경조직이라도 유사한 줄무늬를 찾아낼 수 있다고 한다.

지구 생물의 몸에는 7일 주기로, 뭔가 눈에 보이지 않는 신비로운 파동이 살포시 다가오는 것일까? 가족을 저 세상으로 먼저 떠나보냈을 때 그 충격은 분명 7일 단위로 조금씩 멀어진다. 이는 육체 감각이라고 말해도 무방할 것이다.

질병 치유도 마찬가지다. 7일째마다 한 꺼풀씩 떨어져 나간다.

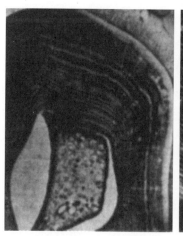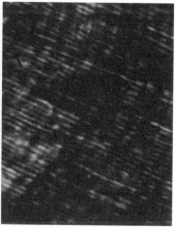

그림 39 치아의 줄무늬
왼쪽은 토끼의 앞니를 탈회(脫灰) 염색한 현미경 표본. 오카다 마사히로(岡田正弘) 논문, 1959. 오른쪽은 인간의 치아. 오자와 유키시게(小沢幸重) 사진 제공.

그래서 약은 흔히 일주일 치를 처방한다. 인체 활동에서는 7일째 극한 상태를 맞이하고 여기에서 탈피하여 8일째부터 다시 새로운 자세로 출발하는 하나의 큰 흐름이 존재한다. 유대인은 육체 감각을 반영해 7일째를 완전한 휴일로 정했다. 오늘날 전 세계에서 사용하는 일주일이라는 단위는 일부 인간이 멋대로 결정한 사회 법칙이 아니다. 이미 세포의 원형질 수준에서 만장일치로 정한 만고의 진리다. 그리고 이 주기는 여성의 생리 주기처럼, 현대인의 몸속에 여전히 살아 숨 쉬고 있다.

수업 시간표도 같은 맥락에서 생각해볼 수 있다. 중학교의 45분 수업은 대학에서 90분으로 그 배가 늘어나는데, 마찬가지로 우리 몸에는 눈에 보이지 않는 90분의 파동이 깃들어 있다는 사실을 놓쳐서는 안 된다. 90분 단위는 수면 중의 뇌파에서도 확인된 사실인데, 사람들은 오랜 생활을 통해 주간에도 같은 파동의 흐름을 알게 모르게 인지하고 있을 것이다.

요컨대 생물의 몸에는 크고 작은, 혹은 길고 짧은 파동이 어떤 것은 겉으로 드러나고, 또 어떤 것은 속으로 남몰래 박동을 거듭하고 있다. 그런데 지금 여기에서 가장 뿌리 깊은 파동, 즉 어떤 동물이나 어떤 식물이나 반드시 보이는 파동은 과연 무엇일까? 영양과 생식의 위상 전환을 떠올릴 수밖에 없지 않을까? 그야말로 '생의 근원 파동'이라고 불러야 하지 않을까?

앞에서 우리는 근원 파동의 본보기로 원시 생물에서 나타나는 세대교체의 파동을 살펴보았는데, 이 파동을 좀 더 깊이 파고들어가면 단세포 생물의 세대교체가 떠오른다. 다세포 생물에서는 볼 수 없는 가장 원시 형태다.

좀 더 구체적으로 말하자면, 영양 단계에서는 외부로부터 영양을 받아들여서 끊임없이 분열 증식하고, 생식 단계에서는 서로 짝을 찾아내서 합체 접합한다는 것이다. 이때 접합 행위는 고등 생물의 난자와 정자의 결합과 달리, 두 개체 사이에서 핵물질의 일부 교환이 이루어진 다음 다시 따로 떨어지는 특징을 갖고 있다. 여기에서 대형 자핵(雌核)과 소형 웅핵(雄核)을 모두 갖춘 것은 후자인 웅핵 쪽이 교환 요원이 된다. 이것은 웅핵의 교환에 따라 단세포 생물의 천명이 바뀜을 의미한다. 달리 표현하면 성행위는 일종의 생물학적인 '혁명'으로 의미가 확장되고, 결과적으로 혁명을 마친 세포에는 새로운 형질이 부여되는 것이다. 따라서 단세포 생물의 접합은 세포 분화의 필수적인 조건이 되기도 한다.

이와 같은 사실에서 파동의 더 큰 의미가 명확해진다. 식의 생활상에서는 증식이, 성의 생활상에서는 분화가 파동의 참모습 아닐까? 생물 진화의 흐름을 뿌리에서부터 지탱하는 것이 증식과 분화라는 두 가지 기능이라면, 여기에서 말하는 영양과 생식의 위상 전환은 그야말로 '생명의 파동' 아닐까?

그럼 이쯤 해서 이야기의 초점을 인간으로 다시 돌려보자. 인간의 경우, 식과 성의 뚜렷한 위상 전환이 자취를 감추었다고 앞에서 소개했지만, 과연 흔적도 없이 깡그리 사라졌을까? 절대 그렇지 않다. 예로부터 성년이 되는 것을 기념하는 관례는 어느 사회에서나 엄격하게 거행하는 통과의례 가운데 하나였다. 이는 생명의 파동 관점에서 본다면, 식에서 성으로의 위상 전환을 의미하는 것이다. 바로 이것이 오늘날 성인식의 참된 모습이자 의미일 것이다. 이와 반대로 성에서 식으로의 위상 전환을 나타내는 만국 공통의 첫날밤 의식과 성년 의식은 완벽한 쌍극을 이루는 것이어야 한다.

달밤이 비치는 드넓은 하늘을 날아가는 기러기의 행렬에서 가슴 뭉클하게 감동한 적이 없는가? 그들은 쉬지 않고 밤새도록 날아갈까? 과연 어디를 향해……. 목숨을 건 모천회귀와 함께 식에서 성의 생활상으로 장엄하게 이동하는 연어는 생명 파동의 울림을 무의식적으로 감지하고 있지 않을까? 엄마 북방여우와 새끼 북방여우의 생이별 의식, 코끼리 떼의 묘지 행진, 나그네쥐의 집단 자살, 죽음으로 향하는 사마귀의 교미 등은 모두 생명의 파동 가운데 어느 마디에 해당하는 사건일지도 모른다.

이처럼 생명의 파동은 우리의 마음속에 여전히 살아 숨 쉬며 박동 치고 있다. 생명 기억의 하나로……. 어쩌면 이것은 생명 기억의 근원을 이루는 것인지도 모른다. 그도 그럴 것이 이보다 뿌리 깊은 생명 기억은 없을 테니까.

만물 유전—리듬의 본질

생을 상징하는 '파동'이라는 단어는 당연히 물결의 움직임에서 유래했다. 이는 높이 솟은 물마루가 굽이치는 듯한 소용돌이의 연속으로 파동을 설명할 수 있다. 이를 잘게 쪼개면 마지막에는 '나선 운동'에 다다른다. 예로부터 동서양의 많은 사람이 나선 운동을 우주 형성의 원동력으로 포착했다. 괴테도 그중 한 사람이었다. 노년 시절의 논문인 〈식물의 나선적 경향〉에서도 언급했듯이 '천명'의 가르침을 받은 식물의 생태를 통해 나선의 세계에 눈을 뜨게 되었다고 한다.

식물의 생장은 수직 방향으로 나선을 그리며 이루어진다. 나팔꽃 덩굴이 그 본보기다. 이 밖에도 올곧게 보이는 삼나무 고목은 두툼한 나무껍질에 웅장한 나선 홈을 새기고 하늘로 우뚝 솟아 있고, 산나리는 가느다란 줄기 주위에 마치 나선 계단을 오르듯 사뿐사뿐 잎을 매달고 있다. 잎이 줄기에 배열된 잎차례가 그려내는 나선 궤적은 종마다 각기 다른 모습을 선보인다. 잎차례가 다시 꽃차례에 이르면 갑작스레 돌변하면서 저마다의 소용돌이 모양으로 급하게 마무리된다. 이 모양은 동물의 모류(毛流)가 그리는 완만한 소용돌이가 인간의 머리꼭지에서 갑자기 소용돌이를 일으키며 가마로 마무리하는 것과 비슷하다.

이처럼 동물에서도 수많은 나선 형상을 관찰할 수 있다. 식물과 마찬가지로 동물의 몸에서 뻗어 나온 구조물은 모두 소용돌이를 일으킨다. 머리털은 나선의 완급에 따라 직모에서 곱슬머리로 구분되고, 치아는 매머드의 굽은 엄니가 되었을 때 비로소 웅장한 나선의 정체를 드러낸다. 또한 양의 뿔에서도, 실험적으로 뻗은 발톱에서도 나선 모양을 구경할 수 있다.

한편 양 끝이 고정된 내장 관(管)도 똬리를 튼다. 예를 들면 입과 항문으로 고정된 장관은 도중에 오른쪽 감기와 왼쪽 감기로 비틀기를 하고([그림 6] 참조), 간과 아가미로 고정된 심장관도 좌우로 배배 꼬며 비대해진다([그림 13] 참조). 이런 비틀기는 난관이나 정관에서도 볼 수 있는데, 더욱이 이들 모든 관에서는 벽이 서로 교직하면서 나선 모양으로 달리는 섬유층으로 단단하게 고정된다. 장관을 뒤집은 수목의 각 부위도 당연히 동물과 일치한다. 그리고 마지막 극미한 구조로서 염색체의 이중나선이 우리를 기다리고 있다.

소용돌이 구조는 세상 만물을 구성하는 4대 요소 즉 땅, 물, 불, 바람의 무생물 세계에서도 보인다. 지구가 배설하는 마그마

그림 40 나선 형상
왼쪽 사진은 일본 나가노(長野) 현에 위치한 도가쿠시 신사(戶隠神社)에서 가장 깊숙이 있는 오쿠샤(奧社)의 삼나무. 오른쪽 사진은 공룡의 분화석. 대영박물관 소장.

의 소용돌이는 화구벽에 나선 홈을 뚫고, 토성을 에워싸는 고리는 하늘의 리듬을 연주하는 아주 얇은 레코드판을 떠올리게 한다. 철판구이에서 물방울이 데굴데굴 굴러가는 모습은 한쪽에서는 자전하면서 공전하는 지구의 모습을, 또 다른 한쪽에서는 원자핵을 둘러싼 전자스핀을 상상하게 한다. 기상 위성이 비추는 남북 반구의 태풍 반대 눈은 음양 이파전(二巴戰)을 본뜬 우주선의 극대 소용돌이와 원자핵 깊숙이 숨겨 놓은 극미 소용돌이를 연상하지 않을 수 없다.

안타깝게도 우리는 이런 극대 혹은 극소의 세계에는 시선이 골고루 미치지 않는다. 그러나 극대와 극소 중간에 위치한 태양계 세계와는 늘 밀접하게 교류하고, 여러 천체의 자전과 공전이 그리는 나선의 궤적인 '이중 코일' 형상을, 이른바 우주 얼굴 생김새의 근원으로 아주 오래전부터 또렷이 포착해왔다. 이것은 하루의 리듬, 한 달의 리듬, 일 년의 리듬 등 잔물결이 이는 파형으로 상징될 것이다.

고대 그리스의 철학자 헤라클레이토스(Heracleitos, ?B.C.540~?B.C.480)는 '만물 유전(萬物 流轉)'이라고 말했다. 즉 세상 모든 것은 변화하고, 삼라만상에는 리듬이 흐른다는 뜻이다. 또한 독일의 생(生)철학자인 루트비히 클라게스(Ludwig Klages, 1872~1956)는 만물의 리듬을 물결 파동에 비유해서 파형의 순조로운 '갱신'에서 기계 운동의 '반복'과는 차원이 다른 리듬의 본질을 찾아내고, 궁극적으로 분절성(分節性)과 쌍극성(雙極性)이라는 리듬의 양대 특징을 이끌어냈다.

분절성이란 파동의 연결이 가장 높은 부분이나 가장 낮은 부분, 혹은 오르내림 도중에 있는 변곡점 등 같은 위상 점에서 차례로 수놓아진 마디의 행렬에 따라 관념적으로 분할되는 것을 일컫는다. 우리는 음악을 들을 때 거의 무의식적으로 박자를 맞춘다. 옷감을 짤 때는 각자 취향에 맞게 잔무늬를 넣는다. 이렇게 분절 행위를 재촉하는 리듬이 음악의 흐름 속에, 길쌈의 수작업 속에 비밀스럽게 파동치고 있다. 이는 곧 흐름이 갖는 분절 가능성을 통해 비로소 인간이 위상 전환 지점에서 가락을 붙이는 식으로 지휘봉을 흔들 수 있음을 의미한다. 클라게스는 분절 행위를 인간의 독자적인 행위로 간주하고, '박자 매기기'가 숨겨진 리듬을 겉으로 드러내고 쇠약한 리듬을 되살린다고 역설했다.

한편 쌍극성이란 파동의 연결에서 지금까지 거듭 소개한, 마루와 골 혹은 오르막과 내리막의, 양적으로가 아닌 질적으로 서로 마주 보는 것이 분극(分極)하고 있음을 의미한다. 이들은 '쌍극적으로 연관 있다'고 말한다. 추시계의 한쪽 소리를 '똑'이라고 들었다면 다른 한쪽 소리를 '딱'이라고 듣고, 한편에 문신(文臣)이 앉으면 또 다른 한편에는 무신(武臣)이 앉는 식으로, 대비와 대구로 구분되는 한 쌍이 시간의 세계에도 공간의 세계에도 가득 차 있다는 것이다.

앞의 '분절 가능성'을 '분극 가능성'이라고 말할 수 있지 않을까? 일상생활 속에서 가지각색의 대비를 마주하거나 배합을 즐기는 것은 우리의 생활이 리듬의 세계와 밀접한 관련이 있다는 사실을 대변해주는 것이리라. 나아가 참된 이성이란 분절성과 쌍극성의 토대 위에서 발휘될 수 있다고 나는 생각한다.

이쯤 해서 생명의 파동 이야기로 다시 돌아오자. 그렇다면 생명의 파동에는 어떤 마디가 새겨지고 또 어떤 대조를 볼 수 있을까? [그림 38]에서도 나타냈듯이, 우선 성의 생활상에서 식의 생활상으로 바뀌는 전환점과 식의 생활상에서 성의 생활상으로 바뀌는 전환점에 각각 수정과 감수분열의 마디가 새겨진다. 이것이 동물과 인간의 세계에서 어떤 형태로 드러나고, 또 인간 사회에서 생활상의 변화가 얼마나 중요하게 인식되었느냐 하는 문제와 관련해서는 앞에서 소개한 바와 같다.

그다음 오르막의 식의 생활상과 내리막의 성의 생활상이 그림에서는 쌍극적으로 서로 마주 보고 있다. 여기에서 가장 중요한 것은 애초 둘 사이에 신구와 전후로 구분되는 개별도 존재하지 않고, 경중과 우열로 나뉘는 차이도 없다는 사실이다.

오래전부터 사람들은 '닭이 먼저냐, 달걀이 먼저냐' 하며 묻기를 좋아했다. 발생학에서는 당연히 알이 먼저일 테지만, 물론 여기에서는 그런 질문을 던지는 것이 아니다. 애초 쌍극성의 참뜻은 식과 성이 원인과 결과, 혹은 목적과 수단의 관계로 얽혀 있지 않음을 강조하고 싶은 것이다.

앞에서 영양과 생식의 한 쌍을 양팔 저울에 비유했다. 그런데 양팔 저울에서는 양쪽의 균형이 쉽게 깨질 수 있다는 사실도 염두에 두어야 한다. 만약 생명 파동의 주류를 성세포에 두고 체세포는 단순히 임시 거처로 생각한다면, 양팔 저울의 중심이 성세포로 기울게 된다. 성으로 치우친, 이른바 '프로이트의 세계'일 것이다. 이때는 거대한 생식기에 대뇌피질이 부착된 그림이 어울린다.

한편 생명 파동의 본체를 체세포에 두고 성세포는 단순히 부속물로 생각한다면, 양팔 저울의 중심이 체세포로 기울게 된다. 어쩌면 죽음에 맞서는 종교의 세계는 체세포 쏠림에서 왔을지도 모른다. 그도 그럴 것이 성세포의 불멸을 아무리 외치더라도 그 어떤 구원도 받지 못할 테니까. 이런 인간을 상징할 때는 거대한 위에 대뇌피질이 매달린 그림이 어울린다.

일본 에도 시대의 하이쿠(俳句, 5·7·5의 3구(句), 17자(字)로 이루어진 일본 고유의 짧은 시—옮긴이) 시인인 다카라이 기카쿠(宝井其角, 1661~1707)는 교미를 끝낸 수컷 사마귀가 암컷 사마귀에게 잡아먹히는 장면에 번식을 마친 식물이 잎을 고사시키는 장면을 중첩해서 다음과 같이 읊었다.

암사마귀의
일상에 죽어가는
마른 들판아

영양에서 생식으로의 위상 전환이 동물에게는 부모의 죽음을, 식물에는 고엽을 각각 불러온다. 따라서 수컷 사마귀의 죽음이 마치 초목이 시들어버리듯 평범한 일상으로 비친다. 그저 위상이 변화했을 따름이다. 더욱이 사계절의 흐름을 따라 영원 회귀하는 한 장면으로 그려진다. 생명 파동의 본질을 이토록 단적으로 드러낸 세계는 아마도 없을 것이다.

태아와 우주

이렇게 해서 삼라만상을 꿰뚫는 리듬의 본질이 밝혀졌다. 지금까지 우리는 리듬의 본질을 생물의 세계인 '생물 리듬'과 무생물의 세계인 '4대 리듬'으로 나누어 살펴보았는데, 이 두 갈래의 리듬은 어떤 관계가 있을까?

먼저 생물 리듬에서는 크고 작은 각종 리듬을 확인했다. 살아 있음을 알리는 친근한 심장 박동과 호흡 파동을 중심으로, 소규모의 세포 파동에서 일상생활의 수면과 각성, 계절적인 활동과 휴식의 파동을 거쳐 대규모 종의 흥망 파동까지 생물의 리듬을 감지했다. 특히 수많은 파동 가운데 영양과 생식의 파동을 '생의 근원 파동', 즉 '생명 파동'으로 거론했다.

다음 4대 리듬에서는 극소에서 극대에 이르는, 생물 리듬과는 비교도 되지 않을 정도의 방대한 규모를 고찰했다. 리듬의 어원이 된 물결의 움직임 즉 수파를 중심으로 광파, 전파, 음파에서부터 낮과 밤, 춘하추동의 교체, 지각 변동, 빙하기의 반복까지 언급했다. 이들 파동은 모두 소립자에서 우주구(球)까지 각종 구체의 나선 운동으로 생기는데, 자전하면서 태양 주위를 공전하는 지구의 나선 운동이 낳은 하루 주기 리듬과 일 년 주기 리듬을 거대한 파동의 본보기로 간주했다. 더욱이 이 리듬은 밤낮을 갖춘 태양일과 사계절을 갖춘 태양년을 각각 선사한다. 여기에 달의 공전이 곁들여지면, 두 번의 썰물과 밀물을 갖춘 태음일이 태양일의 일몰 속에 그보다 약간 긴 주기로 개입하고, 이것이 태음월의 리듬을 만들어낸다.

그럼 이번에는 생물 리듬과 4대 리듬을 서로 포개보자. 두 세계의 리듬을 다양한 완급으로 연결하는 어떤 신비로운 끈의 존재가 떠오를 것이다. 모든 생물의 영양과 생식 활동은 연, 월, 일의 리듬과 밀접하게 이어져 있다. 농작물의 씨뿌리기에서부터 수확까지 일생에 부여된 '마디'가 십간십이지가 된다는 사실은 각각 문자 형상이 이를 뒷받침해준다. 한편 입추에서부터 대한까지 예로부터 일 년의 시간을 24절기로 세심하게 구분해왔다. 요컨대 생물 리듬과 4대 리듬은 떼려야 뗄 수 없는 절친한 사이로, 이것은 이미 널리 알려진 사실이다.

연어가 산란을 위해 강을 거슬러 올라간다. 독수리가 남쪽의 먹잇감을 찾아서 하늘을 날아간다. 이처럼 회유어와 철새가 계절의 풍물로 정착했다는 사실은 그 누구도 부정할 수 없다. 남쪽 원주민들은 갯지렁이가 해저의 영양 생활에서 해면의 생식 생활로 무리 지어 떠오르는 모습을 보고 달력을 만들었다. 이 정도로 생물 리듬과 4대 리듬은 서로 일치한다.

동물의 세계에서는 대체로 영양의 장소와 생식의 장소가 떨어져 있다. 때로는 지구를 동서남북으로 가로지르는 한달음의 거리가 관측되기도 한다. 이들 동물은 기동력을 갖춘 조류와 어류가 대부분인데, 이들은 사냥터와 산란장을 거대한 진자 운동처럼 더욱이 지구적인 규모로 왕복하는 것이다. 이때 진자와 천체의 주기가 일치한다는 것은 두말하면 잔소리다.

식물의 세계에서는 진자 운동을 구경하기 어렵다. 대신 봄을 알리는 개화 전선의 북상과 가을을 물들이는 단풍 전선의 남하를 볼 수 있다. 지구의 아름다운 변신이 그대로 자연의 주기를 알리는 인파의 흐름으로 이어진다는 것은 익히 알고 있는 바다.

이렇게 생물 리듬을 대표하는 영양과 생식의 파동은 4대 리듬을 대표하는 태양계의 갖가지 파동을 타고 유유히 흐르고, 생물과 무생물의 차이를 넘어 두 세계는 완전하게 서로 융합해서 하나의 커다란 화음을 만들어낸다. 그야말로 '우주 교향곡'이라는 이름이 어울리는 세계다.

그런데 생물은 어떻게 리듬을 감지할까? 예를 들면 여성의 배란은 달의 공전과 일치하여 좌우 난소에서 교대로 하나씩 체강 내에 배란되는데, 이 암흑의 체강에서 그들은 어떻게 월령을 알 수 있을까? 달의 관측은 어떻게 이루어질까? 감각기관의 잠망경을 체강에서부터 밖으로 끄집어내서 달을 찬찬히 관찰하고 있을까?

이 문제는 물고기와 새가 이동할 때 시야를 어떻게 확보하고 방향을 어떻게 파악하느냐라는 물음으로 집약된다. 나침반도 천체 망원경도 갖추지 않은 그들이 때가 되면 고향으로 혹은 사냥터로 정확하게 출발한다. 과연 새와 물고기는 어떤 조종 장치를 몸속에 꼭꼭 숨겨두고 있는 것일까?

현대 생물학에서는 이 문제를 진지하게 연구하고 수많은 메커니즘을 신경생리학적으로 해명해왔다. 하지만 절묘한 메커니즘을 알면 알수록 점점 미궁 속에 빠져든다. 그 이유는 무엇일까? 이 문제를 풀 수 있는 열쇠는 딱 하나, 난소가 하나의 '살아 있는 행성'이라는 것 아닐까? 아니, 지구에 사는 모든 세포는 모두 천체가 아닐까?

최초의 생명 물질은 30억 년 전 고대 해수에 살았다고 한다. 이 물질은 지구를 만드는 모든 원소를 조금씩 받아들인 한 개의 둥근 물체로 추정된다. 둥근 구체는 하나의 경계면을 통해 주위로부터 일정한 물질을 흡수하고 이를 재료로 해서 자신의 몸을 조립하는 한편, 만든 것을 닥치는 대로 깨부수고 다시 주변으로 되돌아간다. 요컨대 흡수와 배설의 쌍극적인 활동에 따라 끊임없이 자신을 갱신하는 아주 독특하고 신기한 존재였다.

지구라는 특수한 '수(水)행성'의 공간에서 처음으로 선을 보인 최초의 생명체는 그 자체가 운명적인 사건으로 여겨진다. 따라서 이 원시 생명체는 '어머니 지구'에서 마치 떡이 잘게 썰려 나가듯이 탄생한 '지구의 자녀'라고 말할 수 있다. 극미한 '살아 있는 행성'은 인력만으로 연결된 천체의 행성과는 애초 다르다. 이는 '계면'이라는 이름의 태반을 통해 모태 즉 원시 바다와 생명적으로 이어진, 말 그대로 '별의 태아'라는 이름이 어울리는 특별한 존재다.

결과적으로 살아 있는 작은 별들은 '어머니 지구'와 손을 맞잡고 태양계 궤도로 편입되고, '동생 달' 그리고 '큰아버지, 큰어머니 행성들'과 치밀한 주기 아래 교류를 시작하는 한편, '할머니 태양'을 매개로 더욱 광대한 은하계의 일원으로서 은하계에 교차하는 몇 겹의 나선 궤도에 올라타게 된다. 그리고 이 은하계도 역시 또 하나의 커다란 성운의 회오리에 편입된다. 이는 끊임없이 퍼져가는 것이다. 그 성운의 끝자락에서 손에 잡히지 않는 허공 속을 우주구의 마지막 소용돌이가 천천히 천천히 돌고 있다고 한다.

최근 조사 결과에 따르면 생명의 기원은 어떤 행성과 행성 사이의 공역에서 혜성의 꼬리를 타고 전해졌다고 한다. 만약 그것이 사실이라면, 우리의 고향은 글자 그대로 '별 저 너머'가 되는 셈이다.

오늘날 지구에 서식하는 모든 생명체는 출생 시기의 원근(遠近)을 불문하고 모두 원초의 생명구를 매개로 우주와 탯줄로 이어져 있다. 따라서 그 어떤 생명체라도 그 생명체가 가진 생의 파동이 어떤 우주 리듬과 교류하기 마련인데, 같은 리듬을 교류한다 해도 식물과 동물을 비교해보면 두드러진 차이점을 접할 수 있다.

먼저 식물의 몸은 동물의 장관을 뽑아내서 뒤집은 형태다. 뿌리털은 겉으로 드러난 장내 융모로, 대기와 대지를 향해 몸을 개방하여 서로 완벽하게 교류한다. 식물과 외계 사이에는 생물학적인 경계선이 존재하지 않는다. 이것은 동물의 몸이 간 및 콩팥이라는 입출구를 삼엄하게 검문하여 외계와 완벽하게 차단된 모습과는 대조적이다.

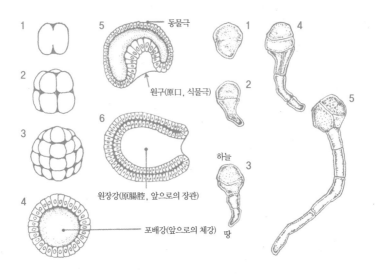

그림 41 폐쇄와 개방

창고기와 갈조류의 발생. 이노 페이(猪野俊平, 1907~1981, 일본의 식물형태학자—옮긴이).

식물의 몸이 태양을 심장으로 삼고, 하늘과 땅을 순환하는 거대한 순환로인 말초 모세혈관에 비유되는 것은 바로 이와 같은 사실에서 유래한다. 따라서 식물은 자연의 일부라기보다 자연의 '생물학적인 부분'이라고 달리 정의 내릴 수 있다. 그러니 서식 지역의 대기와 토양의 성격이 식생과 표리일체의 관계를 이루는 것도 당연한 이치다. 이처럼 식물과 우주와의 교류는 훨씬 생생하고, 직접적이다. 클라게스는 식물의 몸에 "머나먼 우주가 깃들어 있다."고 말했다.

반면 동물의 몸은 그 발생이 말해주듯이, 처음부터 우주의 일부를 잘라내서 자신의 몸 안에 넣어 봉하고, 더욱이 몸의 표면에 깊은 골을 만들어서 이를 체내로 유도한다. 전자가 체강에, 후자가 장강(腸腔)에 해당하며, 여기에서 각각 영양과 생식을 관장하는 내장계가 만들어진다. 이와 같은 성립 구조는 동물의 영양과 생식이 말 그대로 '내장된' 우주와의 교류에 따라 이루어진다는 사실을 대변해주는 것이다. 예로부터 이를 '소우주'라고 부르며 본래의 '대우주'와 대비시켰다.

소우주란 이렇게 돌돌 말린 우주로, 동물의 몸에는 소우주를 대우주와 구분 짓는 몸의 벽, 즉 '체벽계'라는 기관이 생겨났다. 이는 혼자 힘으로 영양을 섭취할 수 없는 동물들이 먹잇감을 잡기 위해 특별히 주문한 감각–운동의 사륜자동차로, 체벽계는 몸 주위의 가까운 근(近)거리에도 일일이 반응하는 특징이 있다는 사실은 앞에서 설명한 바와 같다. '당장 눈앞에 보이는 것에 집착한다'는 동물의 업보는 모두 체벽계의 특징에서 비롯된 것으로, 이것이 우주와의 교류를 방해하는 하나의 원흉이 될 수도 있다. 체벽계를 상징하는 인간의 대뇌피질이 자연에 대한 인간의 '자폐증'을 초래한 것도 결국에는 이런 특징의 결과일 것이다. 내장계가 저 멀리 원(遠)거리와 공진하는 '식물성 기관'인데 비해, 체벽계는 근거리를 감각하는 '동물성 기관'이라고 부르는 것도 이런 연유에서다.

고대 그리스 철학자 아리스토텔레스(Aristoteles, B.C.384~B.C.322)는 동물의 체벽을 '오르가논(organon)'이라고 불렀다. 오르가논은 본래 그릇을 뜻했는데, 도구라는 뜻으로 의미가 확장된다. 이와 같은 단어 의미의 변천 속에서 인간의 체벽계, 즉 괴테가 말한

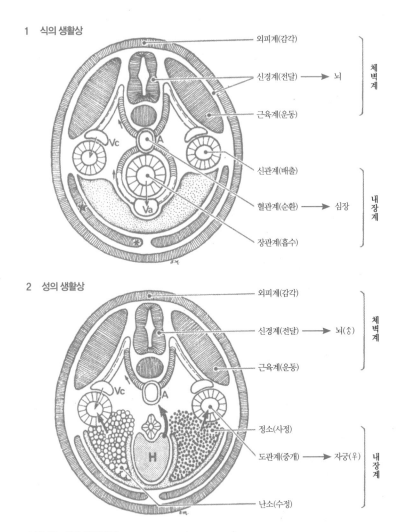

1 식의 생활상

외피계(감각)

신경계(전달) ➡ 뇌

근육계(운동)

체벽계

신관계(배출)

혈관계(순환) ➡ 심장

장관계(흡수)

내장계

2 성의 생활상

외피계(감각)

신경계(전달) ➡ 뇌(♂)

근육계(운동)

체벽계

정소(사정)

도관계(중개) ➡ 자궁(♀)

난소(수정)

내장계

그림 42 식과 성의 체제

1은 식의 생활상에서는 심장이 대표하는 내장계가 뇌를 으뜸으로 하는 체벽계에 둘러싸여 있다. 마음과 뇌의 관계를 나타내는 상징적인 그림이다. 2는 성의 생활상에서는 내장계의 중심이 (♀)의 자궁으로 이동하고, 체벽계의 중추는 (♂)의 대뇌피질이 차지한다. 자웅 합일의 체제로 완전한 개체가 생기는 것이 특징이다. 이는 생명의 파동에서 심장과 자궁이 차지하는 위치를 나타낸 형태학적인 그림이다. 자궁의 의미는 실로 오묘하고 진중하다.

'오르가네(Organe)'가 갖춘 본질을 가늠해볼 수 있지 않을까?

이렇게 해서 동물의 영양과 생식의 파동은 '식물적'인 내장계가 체벽의 껍데기를 뚫고 직접 우주와 교류함으로써 파동이 생겨난다는 사실이 명백해졌다. 요컨대 내장계의 중심이 우주 리듬을 타고, 영양 기관계와 생식 기관계 사이를 끊임없이 왕복하는 것이다. 나는 이것을 '내장 파동'이라고 부르고, 동물의 생명 파동을 몸 깊숙이 지탱하는 내장 근원의 기능으로 조망하고 있다. 내장 파동은 동물이 갖춘 우주 생명을 가장 단적으로 표현한 것이리라.

이쯤 되면 태아의 발생이라는 하나의 생명 현상은 단순히 생명 파동의 최초 사건에 머무르지 않는다는 사실을, 나아가 태아의 발생은 우주적인 규모의 대사건이라는 사실을 충분히 짐작할 수 있을 것이다. 그렇다면 난세포는 지구의 '살아 있는 행성'으로서 태양계의 궤도에 오른 출발점으로 볼 수 있지 않을까?

"우주 공간에 떠다니는 태아의 얼굴이 스크린 가득히 비쳤다!"라고 수많은 젊은이가 목소리를 높인다. 이렇게 말하는 사람도 듣는 사람도 거부감이 전혀 느껴지지 않는다. 그도 그럴 것이 지금까지 주저리주저리 말한 내용은 모두 '생명의 파동은 우주 리듬의 하나다!'라는 이야기의 근거를 생물학적으로 나타낸 것에 불과하니까……

드디어 인간의 생명 기억은 우주 공간까지 비상을 거듭한 셈인데, 이 세계를 단숨에 포괄하는 모태는 그 깊이를 가늠하기 힘들 만큼 깊고 넓을 것이다.

제3장
영원 주행

동양의 '도'

예로부터 중국에서는 우주의 근원 현상을 '도(道)'로 나타내왔
다. 이 '도'는 '리듬'과 상통한다고 한다. 따라서 동양의 '도'는
고대 그리스 철학자인 헤라클레이토스가 말한 '만물 유전' 즉 삼
라만상에는 리듬이 흐른다는 뜻과 본질적으로 다르지 않다. 인
간의 통찰력은 시간과 공간을 훌쩍 뛰어넘어 항상 한곳으로 흘
러가는 것 같다.

　지금까지 살펴본 바에 따르면, 우리는 지구의 자전과 공전이
그리는 나선 궤도의 발자취에서 하나의 모형을 찾아낼 수 있다.
그 모형에서는 지구가 나선 궤도를 타고 여기 가까운 '근(近)'에
서 저 머나먼 '원(遠)'으로 끝없이 뻗어 나가고, 저 먼 곳에서 다
시 여기 가까운 곳으로 되돌아온다. 이때 귀착점은 결코 출발점
과 겹치지 않는다. 지구가 태양을 한 바퀴 도는 사이에 태양이
자신의 나선 궤도에서 그만큼 나아가기 때문이다. 어느 천체나

항상 새로운 우주 공간을 끊임없이 헤매고 있다는 이야기는 바로 이 때문이다.

나선 형상에서 볼 수 있는 순환 형태를 지금부터 이야기할 노자의 언어로 치환해서 '주행(周行)'이라고 부르기로 하자. 이는 머나먼 옛날부터 꾸불꾸불 이어져 오늘에 이르고, 더욱이 영겁의 미래로 끊임없이 나아가기 때문에 '영원 주행'이라는 통칭이 어울릴지도 모른다. 천연 자연의 활약상은 인간의 상상을 훌쩍 뛰어넘는 것으로, 인간 사회에서 흔히 일어나는 정체도 좌절도 없다.

중국 도가 사상의 집대성인《노자 도덕경(老子 道德經)》가운데 제25장은 동서고금을 막론하고 많은 지식인이 도의 핵심을 설파하는 장으로 꼽는다.

그 무엇인가가 혼돈한 상태로 있었는데
이는 하늘과 땅보다 먼저 있었다.
그것은 소리가 없어 들리지 않고
모양이 없어 보이지 않지만
홀로 우뚝 서서 변하지 않고
두루 주행하여 계속 움직이지만
지치지 아니하니
가히 세상의 어머니라 하겠다.
나는 그 이름을 모른다.
그리하여 그저 '도'라고 부른다.

억지로 이름 지어 '크다(大)'고 이른다.

크다는 것은 끝없이 흘러간다는 것이고

끝없이 흘러가면 아득하게 멀어지며

아득하게 멀어진 것은 결국 근원으로 되돌아온다.

그러므로 도는 크고

하늘도 크고

땅도 크고

임금도 역시 크다.

(……)

사람은 땅을 본받고

땅은 하늘을 본받고

하늘은 도를 본받고

도는 '스스로 그러함(自然)'을 본받는다.

이 구절을 되풀이해서 읽는 동안 아련한 형상이 떠오르지 않는가? 우선 '어머니'의 세계가 비칠 것이다. 본문과 연관 지어 말하면 태아를 낳은 '모태의 세계'다. 어머니의 세계에 바짝 다가가려는 것이다. 그것은 한데 어우러져 완결되었지만 보이지도 들리지도 않는, 따라서 붙잡을 수 없는, 그야말로 감각을 초월한 '적요(寂寥)'의 세계라고 한다. 하늘과 땅을 낳는 어머니의 세계는 그 무엇에도 의존하지 않고 독립해서 존재하고 '스스로 그렇게 해야 한다'라고 형용할 수밖에 없는, '그 무엇인가'로 제25장 첫머리에 등장한다.

다음으로 떠오르는 모습은, 소리도 모양도 없는 그 무엇인가가 지칠 줄 모르고 두루 주행하는 형상이다. 이는 끝없이 흘러가고 다시 되돌아오는 천체의 회귀 모습에서 그 본보기를 찾을 수 있다. 따라서 어머니가 되는 적요 세계의 현상태(現象態)로서 하늘과 땅을 이해해야 한다. 아무것도 보이지 않는, 아무것도 들리지 않는 고요한 세계, 즉 적요의 세계는 일반적인 상식에서 말하자면 '허공'과 같은 불가사의한 세계다. 비록 허공이지만, 한쪽에서는 '우주 공간'이 되어 무수히 많은 천체 운행의 장소가 되고, 그 자리에 광년 단위의 '우주 시간'을 선사한다. 또 다른 한쪽에서는 무수히 많은 소립자를 떠돌게 하는 '생물 공간'이 되어, 동시에 '생물 시간'의 흐름을 생성한다.

이렇게 적요의 세계는 소용돌이치는 크고 작은 수많은 구체의 나선 항적에 따라 눈부시고 아름답게 채색되고, 공간 또는 시간이라고 부를 수밖에 없는 하나의 세계가 탄생하게 된다. 이는 칠흑 같은 밤에 빛나는 전광판처럼 어떤 허공이라도 일정한 거리에서 '색'의 점이 빛나면 순식간에 '공간'이 탄생하고, 침묵을 깨는 종소리처럼 어떤 간격에서 소리의 '점'이 울리면 순식간에 '시간'이 탄생하는 것과 같은 이치다. 바로 이것이 하늘과 땅, '천지'라고 부르는 것의 정체가 아닐까?

고대 중국에서는 '우주(宇宙)'라는 단어를, '과거·현재·미래의 무한한 시간을 주(宙)라고 이르고, 사방(四方)·상하(上下)의 모든 공간을 우(宇)라고 이른다.'라고 정의했다. 이는 천연 자연의 모든 현상에 시간적인 측면과 공간적인 측면이 분극되어 있음을 말하는 것인데, 노자는 천연 자연의 모든 현상을 구체가 이리저리 퍼지는 가시적인 우주 즉 천지와 비가시적인 우주 즉 적요 세계로 크게 구분한 것으로 추측된다.

여기에서 적요 세계와 천지는 어머니와 자식 관계로 치환할 수 있는데, 이 모자 관계는 앞에서 소개한 '닭과 달걀'의 관계처럼 원인과 결과, 혹은 목적과 수단으로 이어진 것이 아니다. 이것은 식과 성의 파도를 타고 서로 쌍극적으로 관련된, 두 개가 한 몸이 되어야 하는 것이다.

이쯤 되면 제25장 첫머리의 "그 무엇인가가 혼돈한 상태로 있었는데, 이는 하늘과 땅보다 먼저 있었다."라는 구절이 뜻하는 바가 또렷이 드러나지 않는가? 이는 '그 무엇인가'와 '하늘과 땅'이 식과 성처럼 쌍극적으로 서로 마주하는, 바꿔 말하면 '현상'과 '의미(心)'로 포착할 수 있다. 따라서 하늘과 땅이라는 현상의 마음으로서 그 무엇인가가 처음에 등장하고, 그 무엇인가의 본질이 되는 독립과 주행, 곧 영원 회귀의 근원 리듬이 제시되며, 나아가 이것을 '도'라고 부른다고 해석할 수 있다. 그리고 이 도가 하늘, 땅, 사람의 세 단계로, 괴테의 말을 빌리면 '변신(Metamorphose)'을 거듭하며 나타나는 셈이다. 이것이야말로 참으로 위대한 것이 아닐까? 바로 '만물 유전'의 세계이자, 헤라클레이토스의 세계다.

고대 중국에서는 리듬을 상징하는 것으로 기(氣), 천(川), 신(申) 등의 글자를 만들어낸 듯하다. 모두 땅(地), 물(水), 불(火), 바람(風)의 흐름을 본뜬 단어인데, 노자의 세계에서는 리듬의 표지이자,

흐름의 자취로서 '도'가 선택된 것이다. 그렇다면 이것이 의미하는 바는 과연 어디에 있을까?

이 물음에서 물고기의 회유와 철새의 도래를 떠올리는 사람은 비단 나만이 아닐 것이다. 지구적인 진자 운동이 바다와 하늘에 기록한 궤적은 천체가 자신의 피부에 새긴, '살아 있는 홈'이라고 말할 수 있지 않을까? 이만큼 거대한 규모를 갖춘 '통로'가 또 있을까? 달밤의 하늘을 수놓는 기러기의 이동 경로나 히말라야의 하늘을 건너는 두루미의 이동 경로 같은 이들 통로는 시야가 막혀 있는 바다와는 달리 만인의 눈에 펼쳐져 살아 있는 우주리듬의 항적으로 우리의 가슴에 새겨진다.

또한 이 통로는 육상에도 존재한다. 하늘과 바다보다 규모는 작지만, 사냥 장소와 둥지를 잇는 각종 네발 짐승이 다니는 통로가 여기에 해당한다. 더 나아가 이 통로가 인간 사회까지 넘어오더라도 신기한 일이 아니다. 논밭과 집을 연결하는 산길이 인간의 대표적인 통로로 상징된다. 인간의 두 다리로 개척한 이 통로는, 본래 자연의 지세를 따라 자연의 마음과 하나가 되어서 밟아다져온 것이다.

예로부터 '도'와 관련해 다양한 해석이 이루어져 왔다. 문외한인 나로서는 '도'에 관한 어떤 문헌 고증도 할 수 없다. 하지만 적어도 '도'라는 말을 들었을 때, 역시 생물의 익숙한 통로, '길'을 떠올리게 된다. 그도 그럴 것이 이 길은 '영원 주행'의 '살아 있는 필적'일 테니까.

노자는 주행의 운동 형상을 종종 '반(反)' 혹은 '복귀(復歸)'라는 단어로 표현했다. 특히《노자 도덕경》제16장에는 다음과 같은 구절이 나온다.

> 만물이 어울려 만들어질 때도
> 나는 되돌아감을 꿰뚫어 본다.
> 온갖 만물이 뻗어 나가나(芸芸)
> 결국 자신의 뿌리로 되돌아간다(復歸).
> 뿌리로 되돌아가는 것을
> 고요함이라고 이른다.
> 이를 일컬어
> 제 명을 찾아간다고 한다(復命).

또한 중국 원나라의 학자인 오징(吳澄, 1249~1333)이 쓴《도덕진경주(道德眞經註)》에는 같은 구절이 이렇게 해설되어 있다.

> 운운(芸芸)이란, 생장하며 움직이는 모습.
> 무릇 식목은, 봄과 여름에는 생명력이 뿌리에서부터
> 쭉쭉 올라가 가지와 잎에 이른다.
> 이를 동(動)이라 한다.
> 가을과 겨울에는 생명력이 위에서부터 되돌아 내려와서
> 뿌리에 저장된다.
> 이를 정(靜)이라 한다.
> 하늘의 이 기운으로 만물을 낳고 이루는 것을 명(命)이라 한다.

그 유생 시절로 되돌아가는 것을 고로 복명(復命)이라 한다.

그야말로 천명에 따른 식과 성의 위상 전환과 일맥상통하는 이야기다. 이처럼 식물의 변신 세계는 동서고금을 막론하고 변함이 없다. 식물의 뿌리로 되돌아감이 동물의 갓난아기로 되돌아감과 통하는 것은 바로 자연의 섭리다. 이는 《노자 도덕경》 제28장에 다음과 같이 등장한다.

그 남자다움을 알고
그 여자다움을 지키면
세상의 산골짜기 시냇물이 된다.
세상의 시냇물이 되면
늘 덕이 떠나지 않고
갓난아기로 되돌아갈 것이다.

여기에서도 암수 양성으로 분극하는 성의 위상과 갓난아기에서 출발하는 무극(無極)의 식의 위상이 서로 교체하는 도식을 볼 수 있다. 이쯤 되면 세상의 골짜기는 이미 한눈에 다 바라볼 수 있는, 일망지하(一望之下)에 있으리라.

한편 《노자 도덕경》 제6장에도 모성은 신비롭게 묘사된다.

골짜기 신은 절대 죽지 않는다.
이 신을 신비로운 여인이라고 이른다.

신비로운 여인의 문

이를 하늘과 땅의 뿌리라고 일컫는다.

이는 끊임없이 이어지듯 존재하고

이를 써도 써도 다할 줄 모른다.

위의 제6장 구절에서도 알 수 있듯이 인간 세상의 여성성, 모성은 이 세상 모든 남성의 영혼의 고향으로 스케치할 수 있지 않을까? 이렇게 보면, 태아의 세계는 노자의 '도'에서도 하나의 필연적인 출발점이 되고 있다.

천궁의 의미

마지막으로 나는 먼 길을 돌아서, 일본인의 마음의 고향인 이세진구(伊勢神宮)에서 거행하는 '시키넨센구(式年遷宮)', 즉 20년 주기마다 신전을 새로 지어 옮기는 천궁 의식을 잠시 생각해보려고 한다. 문외한인 내가 왜 하필 이런 미묘한 문제에 관심을 두게 되었을까? 지금까지 본문을 읽은 독자라면 충분히 이해할 수 있으리라. 이는 20년을 주기로 하는 회귀 활동에서 '생명의 파동'을 떠올렸기 때문이다.

7세기 말, 일본의 제41대 천황인 지토(持統) 천황 때부터 천궁 행사가 치러져서, 1973년에 제60회를 맞이했다. 천궁은 기존의 신전을 허물고 인접 대지에 새로운 신전을 지어서 보물 일체를 옮긴다. 내궁뿐 아니라 외궁, 그리고 열네 개의 별궁도 똑같이 옛것과 새것의 신구 교체가 이루어진다. 이때 우지바시(宇治橋) 다리에서부터 각 신전의 일용품까지, 모든 것이 새롭게 만들어 지고 새로 지은 신전에서 그해 처음으로 수확한 쌀을 바치는 제 사가 거행된다. 이처럼 오늘날까지 계승되고 있는 대규모 천궁 행사는 세계에서도 그 유례를 찾기 어렵다.

이세진구의 내궁에서는 일본 왕실의 조상신인 아마테라스오 미카미(天照大神)를 모시고 있는데, 특히 이곳은 조엽수림의 울창 한 삼림으로 둘러싸여 이른바 일본 국토의 수호신을 모신 숲이 자, 일본인들의 영혼의 고향으로 일컬어져 왔다. 일본에서는 대 체로 빽빽하게 우거진 조엽수림의 중심에 그 지역을 지키는 신 을 모셔두는 경우가 많다. 이들 수호신을 '서낭신(genius loci)'이라 고 부르듯이, 토지의 기풍 즉 그 지역의 상태를 상징하는 것이라 면 무엇이든지 좋다. 땅, 물, 불, 바람의 무생물에서부터 식물, 동 물, 인간의 생명체까지 그 마을의 정수로 어울리는 것이 만장일 치로 뽑혀서 신전에 모셔지는 것이다.

옛날 사람들은 토지의 정수로, 식물 특히 수목에 호감을 느꼈 던 것 같다. 식물이 하늘과 땅을 연결하는 순환로인 모세혈관에 해당하고, 그 대사를 담당하는 생물이라는 사실은 앞에서도 소 개했지만, 사람들은 울창한 수목에서 하늘과 땅의 '생의 박동' 즉 '생명의 파동'을 직관적으로 감지했던 것 같다. 그러므로 숲 이야말로 살아 있는 정령(精靈)이다. 가히 하늘과 땅의 내장이라 고 부를 만하다.

그림 43 고덴치(古殿地)

외궁 지역 대지를 관장하는 지주(地主) 신인 오쓰치노미오야노카미(大土乃御祖神)를 모시는 쓰치노미야(土宮)의 풍경. 중앙에는 아직도 옛 신전의 흔적인 '고덴치'가 기둥 울타리로 자그맣게 둘러져 있다.

일본 에도 시대의 유명한 하이쿠 시인인 마쓰오 바쇼(松尾芭蕉, 1644~1694)는 이세진구의 외궁을 참배한 뒤에 쓴 기행문에서 다음과 같이 읊었다.

날이 저물어 외궁에 참배하러 갔을 때, 신전 입구 기둥문의 그림자는 어슴푸레하고, 신전의 등불이 사방에서 보였다. 높은 산봉우리 솔바람이 몸에 사무칠 정도로 마음에 깊이 스며드니,

달 없는 그믐
천 년 된 삼나무를
안는 폭풍우

음력 그믐날에는 달이 뜨지 않는다. 이 어두운 밤에 아주 오래된 삼나무 숲을 뒤흔드는 거센 비바람이 세차게 분다. 이 폭풍우의 요동침은 우주의 거대한 호흡이 되어 캄캄한 밤길의 깊은 숲속을 빼곡히 에워싸고 있다. 시인은 이러한 모습을 '천 년 된 삼나무를 안는 폭풍우'라고 표현했다. 여기에서는 신전도, 보물도, 참배인도 모두 사라진다. 단지 폭풍우의 품에 안긴 거대한 나무들이 우주의 내장처럼 요동치고 있을 따름이다. 이미 숲 자체가 살아 있는 생명체로 변신한 것이다. 이제 숲 속에 호젓하게 지어진 신전이 숲의 상징처럼 보이기 시작한다. 사람들은 조엽수림에 둘러싸인 신전의 소박한 정취에서 끊임없이 이어지는 생명의 파동을 예감하지 않을까?

꽤 오래전 일이지만, 한창 '식과 성' 그림 그리기에 몰두하고 있을 즈음([그림 38]), 천궁의 세계에 나도 모르게 마음이 끌렸고, 어느새 20년 주기가 '생명의 파동'과 포개진다는 사실에 주목하게 되었다. 적어도 나에게는 이 사실이 운명적인 사건처럼 다가왔다. 이미 내 머릿속에서는 신전의 건물이 체세포로, 신전의 보물이 성세포로 변해 있었던 셈이다.

전해 들은 바로는 천궁 8년 전부터 새로운 신전 건축에 착수하는데, 천궁의 첫 행사로써 목재 벌채를 위해 산 입구에 있는 신에게 제사를 올리는 '야마구치사이(山口祭)'라는 의식이 거행된다고 한다. 결과적으로 신전이 완성되고 20년 후 다음 신전으로 보물을 옮기기 전까지, 28년이라는 시간이 체세포가 주관하는 식의 위상이 되는 것이다. 따라서 천궁 후의 해체는 산란, 방정을 마친 부모 연어의 죽음에 해당하는 셈이다.

한편 성의 위상은 천궁 날 밤, 닭의 울음소리를 흉내 낸 '꼬끼오' 신호를 시작으로, 신령스러운 보물의 행렬이 옛 신전에서 새로운 신전에 도착하고, 그 해에 최초로 수확한 쌀을 바치는 제사가 모두 끝날 때까지의 시간을 일컫는다. 바로 이 대목에서 체세포의 발생을 고하는 '야마구치사이'의 의식이 진행되어야 하지만, 시간 형편상 8년 전에 미리 의식을 거행하고 목재를 준비하는 것이다. 이와 같은 천궁 해석은 한 생물학도의 공상이라기보다 거의 망상에 가까운 허튼소리인지도 모른다. 하지만 동물의 생의 흐름과 천궁 의식을 비교했을 때, 나는 가히 숙명적이라고 할 수 있는 유사점을 찾아냈다.

보름달 밤, 모든 화톳불을 끄고 거행되는 천궁 의식! 여기에는 남자와 여자의 두 행렬이 있다. 여자는 얼굴 가리개와 흰옷으로 가리는데, 성의 분화를 상징한다. 따라서 새로 옮겨지는 보물이 의미하는 바는 당연히 암수 성세포의 분극과 상통하는 것이다. 천궁 의식의 행렬은 달밤이 비치는 길을 조용히 빠져 나간다. 무사히 새로운 신전으로 자리를 옮기는 천좌(遷座)가 마무리된 그다음 날, 신령스러운 보물 앞에 처음 수확한 쌀을 정성스럽게 바친다. 이와 같은 일련의 의식에서 '성의 성취'를 상징하는 모습을 찾을 수 있다.

한편 천궁 의식의 출발점인 '야마구치사이'는 내궁 정전(正殿)의 뒷산 어귀에서 거행된다. 이때 닭 두 마리를 둥우리에, 달걀 열 개를 소쿠리에 담아서 가져간다. 그 밖에도 철 인형 40개, 거울 40점……. 이것은 무엇을 의미할까? 중국 경전인《주례》에 나오는, 주로 부정을 씻는 의식에서 그 뿌리를 찾고, 이와 같은 사실에서 도교와 관련이 있다고 일컬어지는 이 의식의 참된 정신은 과연 무엇일까? 나는 이 물건들에서 '수정란의 발생 분화'를 바로 떠올렸다. 이는 '태아의 발생' 그 자체이지 않을까?

'야마구치사이'는 천궁의 클라이맥스라고 일컬어지는 천좌 의식에 가려서 그다지 사람들 눈에 띄지 않는 것 같다. 하지만 '생의 파동' 관점에서 보면, 첫 출발점과 클라이맥스는 완벽하게 쌍극을 이룬다.

지금까지 천궁과 관련해 수많은 견해가 등장했을 테지만, 나는 그 자세한 내용은 잘 알지 못한다. 다만 상식적인 해석으로, 높게 지은 신전을 지탱하는 나무 기둥의 수명이 문제가 된다는 것은 익히 들어서 알고 있다. 땅속에 파묻힌 목질 부분의 사용 가능 햇수가 20년이 최대라고 한다. 그렇다면 '돌으로라도 설치해서 보통 신사처럼 오랫동안 유지하면 좋지 않을까?'라고 반론을 제기할지도 모르겠다. 하지만 옛 조상들의 마음을 한 번쯤은 헤아려보았으면 한다. 그들은 주기적인 신전 재건축에서 가슴 벅찬 보람을 느끼지 않았을까?

더욱이 주춧돌을 쓰지 않고, 지면에 구멍을 파내서 칠하지 않은 맨살 나무를 그대로 꽂는 신전 건축 양식의 의미, 즉 땅에서 분리된 나무가 다시 대지와 살을 맞대고 교감하는 의의를 깊이 생각해본다면 조상의 심정을 알 수 있으리라. 여기에서 우리는 동물의 생명 형태에 얽힌 슬픈 상징을 보지 않을 수 없기 때문이다. 옛사람들은 20년이라는 천궁 주기와 동물 한 개체의 수명, 나아가 인간의 세대교체 주기를 서로 포개지 않았을까?

애당초 천궁의 주기는 벼의 일생과 보조를 맞춘 일 년 주기였다고 한다. 앞에서 소개했듯이 이 주기는 크고 작은 우주 교향곡의 본보기다. 요컨대 '생명의 파동'과 공진하는 고대 심정의 발로를 천궁에서 찾아낼 수 있다는 것이다.

인간이 느끼는 가장 큰 공포, 두려움은 자기 죽음을 초래하는 임종의 은밀한 발걸음 소리다. 그리고 죽음의 공포에 맞서는, 단 하나의 구원은 사후의 영혼이 영원히 죽지 않는다는 보증에 있을 것이다. 전통 불교에서는 태어나서 죽는 생멸 무상의 이 세상, 차안(此岸)에서 두 번 다시 죽지 않는 저 세상, 피안(彼岸)을 향해 배가 떠난다. 크리스트교에서는 별 저 너머에 있는, 영광스러운 신의 오른편 자리에 가까이 다가갈 수 있게끔 그 탑은 하늘을 향한다. 이들 두 세계의 공통점은, 불교에서 말하는 '열반'의 참모습인 '절대적 무풍 상태'다. 이를 그림으로 나타내면 크리스트교의 파동 없이 무한하게 뻗어 나가는 직선으로 그릴 수 있다. 두 세계 모두 우주에는 존재할 수 없는, 인간의 대뇌피질이 낳은 숙명의 관념이라고 나는 생각한다.

이쯤 되면 옛 일본인의 마음에 깃든 고대 심정의 성격이 명확해질 것이다. 조상들은 지나간 전세를 저주하지 않았고, 다가올 내세를 걱정하지도 않았다. 고대인의 마음속에는 끊임없이 이어지는 '생명의 파동'에 대한 생명적인 공진성이 흐르고, '영원 주행의 나선'이 그려질 따름이었다. 이처럼 노자의 '도'가 일본 고유의 민족 종교인 '신도(神道)'로 이어지고 있다.

　이세진구에서는 20년 주기의 천궁 의식뿐만 아니라 일 년 내내 각종 의식이 거행되고 있다. 그중에서도 새해 첫날과 매해 마지막 날의 의식, 가을의 추수감사제를 가장 중요한 연중행사로 손꼽는다. 이들 행사가 의미하는 바는 영원한 회귀 활동의 마디에 새겨지는 하나의 구분점, 그야말로 '박자 매기기'가 아닐까 싶다.

　앞에서 제아무리 숨겨진 리듬이라도 적절한 박자 매기기 효과에 따라 파형이 겉으로 드러난다고 소개했는데, 지구 생물의 근원 파동을 사람들의 마음에 되살리는 인류사적인 박절(拍節) 행위가 바로 천궁 의식이라는 점에서 의식의 의의를 찾고 싶다. 물론 이 생물 리듬은 우주 리듬과 함께 울려 퍼진다. 그리고 크고 작은 우주의 공진을 연출하는 것이 진정한 박절 행위임은 두말할 나위가 없으리라.

어머니의 바다

태아는 열 달 동안 어머니의 배 속에서 과연 어떤 소리를 들으며 하루를 보낼까? 모태에서 들리는 소리는 쉴 새 없이 울려 퍼지는 피의 웅성거림, 즉 어머니의 핏줄기가 밀려왔다 밀려가는 파도 소리다. 자궁벽을 철썩철썩 때리는 대동맥의 박동 소리, 시내에 졸졸 흐르는 물소리와 같은 대정맥의 마찰음, 그리고 그 저편으로 높이 퍼져 흐르는 심장의 고동 소리. 이 소리는 저 멀리 우주 공간의 저편으로 사라질 것 같은 진한 울림이다. 마치 은하계 성운의 소용돌이가 징소리가 되어 유유히 울려 퍼지는 듯한 소리……. 바로 이것이 '생명 파동'의 상징일까, 아니 '생 박동의 근원'이라고 해야 할까?

니혼의과대학의 무로오카 하지메(室岡一) 교수는 이미 10년 전에 모태의 혈류 소리를 최초로 녹음하는 쾌거를 이루었다. 이후 어머니의 배 속 복벽(腹壁)을 통해 태내로 들어가는 바깥세상의 다양한 소리를 선별해내서, 그 세상 소리가 태아에 미치는 영향을 영상으로 옮길 수 있게 되었다. 실제로 오늘날에는 예비 엄마와 예비 아빠들이 태아의 변화를 언제든지 지켜보고 있다고 하니, 근대의 자연과학은 아무도 볼 수 없었던 신비한 세계에 가차 없이 발을 들여놓은 셈이다. 이쯤 되면 현실의 세계와 신비한 세계는 하나로 쭉 이어진다. 옛사람들이 중시한 '태교'의 의미가 새롭게 부각된 것이다.

한편 도쿄예술대학교가 있는 우에노 캠퍼스에서는 매년 가을 학기 마지막 강의 시간에 문제의 태아 슬라이드 영상을 차례로 비춘 뒤, 모태의 혈류 소리를 넓은 강당의 스테레오를 통해 강당 구석구석까지 울려 퍼트린다. 이때 듣는 사람은 물론이고 말하는 사람도 모두 저마다의 모습으로 책상에 몸을 의지한 채 그저 소리에 귀 기울인다.

이윽고 우리의 몸속에는 머나먼 생명 기억의 단편이 아침 안개처럼 퍼져간다. 우리는 어머니 배 속에서 코로 양수를 들이마

그림 44 〈환향(幻鄕)〉

그림 중앙에 36일째 태아의 얼굴과 60일의 전신상, 폐어의 얼굴이 보인다. 구도 후지오(工藤不二男), 1971.

시던 시절부터 온종일 밤낮없이 이 소리를 들어왔다. 상륙극을 연출했던 새끼손가락 끝 마디 크기 때부터, 온몸에 돋아난 피부를 통해 양수의 진동을 감지해왔던 것이다.

그뿐 아니다. 인류 옛 조상의 기나긴 추억도 혈류 소리에 버무린다. 이는 고생대 말, 파도가 밀어닥치는 물가의 추억인지도 모른다. 무려 1억 년에 걸친 조산운동 시기에 우리의 조상들은 바다와 육지의 틈바구니에 낀 채, 파도가 부서지는 소리를 하염없이 듣지 않았을까? 지금도 바닷가에 사는 동물들은 낮이나 밤이나 철썩 소리 속에서 살아가고 있다. 난생 시절부터 파도 소리를 자장가로 들으면서 자라난다. 그들에게 바다는 그야말로 어머니인 셈이다. 실제로 사람들은 '어머니의 품속과 같은 바다'라는 표현을 즐겨 쓴다. 어쩌면 인류의 생명 기억은 대해원의 품에 안긴, 그 시절의 추억이 가장 풍요로웠는지도 모른다.

사람들은 바다로 향한다. 모두 모여 바다로 향한다. 이는 고향을 향한 생명적인 주행이 아니고 무엇이랴. 아울러 생명의 소금을 찾아 섬을 건너는 사람들의 행동도 연어의 고향 회귀와 같은 영원 주행의 활동이다.

이렇듯 바다 냄새가 물씬 풍기는 모래밭에 앉아서 듣는 파도 소리는 먼 옛날 생명의 자장가로 은은하게 퍼진다. 지금 들리는 모태 소리가 바로 그 재현일 테고…….

음향은 이미 교실 가득히 요동치고 있다. 그저 모태 소리에 몸을 맡길 따름이다. 우리의 마음은 태곳적 바다의 박동 속에 있다. 이는 우주의 끝없는 대해원이 응축된 것이리라. 따라서 이 박동은 '위대한 어머니(magna mater)'의 마음, 그 자체가 아닐까?

'마음', 이 마음이란 도대체 무엇일까? 그런데 이 마음만큼 사통팔달로 쓰이는 단어도 없다. 가만히 생각해보면 자아의 세계에서부터 생명의 세계까지, 그리고 의식의 표층에서 무의식의 심층까지 폭넓은 스펙트럼으로 마음이 통한다. 그렇다면 마음의 본래 의미는 무엇일까?

마음을 한자로 표현하면 사람의 심장 모양을 본뜬 '심(心)'이 되는데, 여기에서 우리는 마음과 심장의 떼려야 뗄 수 없는 불가분의 관계를 알 수 있다. 물론 지금 말하는 심장은 장기의 생김새가 아닌 독자적인 운동 형상, 끊임없이 이어지는 박동 모습에서 심장의 본질을 찾아야 한다. 요컨대 마음이란, 심장 박동으로 상징되는 '리듬'이라고 표현할 수 있다. 그도 그럴 것이 마음의 미묘한 변화가 가장 예민하게 드러나는 것이 바로 심장 박동의 리듬일 테니까.

흔히들 말하는 '화조풍월(花鳥風月)의 마음'은 인간 이외의 동식물은 물론이고 자연에서도 마음을 만날 수 있다는 멋스러운 표현이다. 그런데 여기에서 마음 대신 리듬이라는 단어로 치환하면, '화조풍월의 리듬'이 되어 그 의미는 더욱 또렷해진다. 즉 화조의 리듬은 생명의 파동을, 풍월의 리듬은 천체의 소용돌이를 각각 의미한다. 전자가 소우주의 리듬이라면, 후자는 대우주의 리듬이다. 그리고 양자는 서로 공명한다. 따라서 '화조풍월의 마음'이란 삼라만상이 마음을 하나로 모아서 숨 쉬는, 우주 교향곡의 형상을 그린다고 말할 수 있지 않을까?

그럼 이쯤 해서 인간의 마음을 다시 한 번 들여다보자. 대우주의 리듬과 함께 울리는, 인간의 몸에 내재한 소우주의 리듬이 바로 마음임을 알 수 있다. 거듭 이야기했듯이, 인간의 경우 영양과 생식의 구분이 모호해졌다. 그러나 이 모호함이 소우주의 소실을 뜻하는 것은 아니다. 생명 발생 이래 꿈틀대는 우주 교향곡의 울림은 우리 몸의 심층에서 여전히 살아 숨 쉬고 있다. 자연의 '마음'에 공감하는 인간의 '마음'이 바로 그 으뜸 증거가 아닐까?

우리는 여기에서 중요한 사실을 알아야 한다. 인간만이 이와 같은 공감을 '의식한다'는 것이다. 대자연과 공진하는 마음이 의식의 거울에 비친다. 우리는 이를 '마음의 자각'이라고 부르고, 깨어남의 성스러운 장소를 머리에서 찾는다. '머리가 깨다'라는 표현도 같은 맥락에서 말할 수 있다. 반면에 동물의 세계에서는 자각을 찾아볼 수 없다.

또 한 가지 중요한 사실이 있다. '머리가 잘 돌아간다'는 일상적인 표현에서도 알 수 있듯이, 인간의 머리는 투영된 우주 교향곡의 파동 형상에서 같은 모양을 끊어내는, 똑똑한 분별력을 갖추고 있다는 점이다. 이때 동일한 위상 지점에 우선 '마디'를 매긴다. 경계점을 지칭하는, 말하자면 앞서 소개한 지휘봉을 흔드는 행위다. 박자를 맞춘다고 말해도 무방하다. 물론 다른 동물에게는 이런 분별력이 없다.

마지막으로 가장 중요한 것이 남아 있다. 이는 박절 지점이 두 갈래로 나뉘고 그 둘 사이에서 박자 맞추기의 효과가 정반대로 나타난다는 사실이다. 하나는 마루와 골로, 이는 박자의 가감에 따라 리듬을 촉진하고, 또 다른 하나는 내리막에서 오르막으로 오르막에서 내리막으로의 변곡점으로, 이 변곡점은 반대 방향의 박자에 따라 파동의 상하를 제어하고 리듬을 규정한다. 전자는 우주 교향곡을 한결같이 지탱하는데, 앞에서 소개한 중국의 '도'가 여기에 해당한다. 후자는 우주로부터의 독립, 이른바 내면의 세계에 틀어박히는 '자폐(自閉)'를 목표로 한다. 영원한 사후 세계를 갈구하는 모습이 바로 후자에 해당한다. 이 두 가지를 굽이굽이 구부러진 산길과 직선으로 쭉 뻗은 고속도로로 나란히 세

그림 45
비모관음(悲母觀音)
가노 호가이(狩野芳
崖, 1828~1888. 근대
일본화의 아버지로
불리는 일본의 저명
한 화가―옮긴이),
1888.

워보면 더 쉽게 이해할 수 있을 것이다.

한편 길 '도(道)'라는 한자의 뜻을 살펴보면, '쉬엄쉬엄 가다'라는 뜻의 책받침(辶)부와 '머리' 수(首)가 합쳐서 이루어진 말로, '도(道)'는 한 줄로 통하는 큰길을 일컫는다. 이처럼 목적지를 향해 쉬엄쉬엄 걸어가는 큰길, 즉 '도'는 '리듬' 그 자체를 대변하는 것 아닐까?

짐승이 다니는 통로와 인간의 길이 엄격하게 구별되는 이유는 고개마다 표시된 길잡이 덕분이다. 이는 꼬불꼬불 길의 흐름과 육체 리듬의 공진을 촉구하는 박절 행위의 소산이다. 그런데 인간이 걸어가는 본래의 '길'이 역사의 흐름 가운데 왜 시야에서 멀어졌는지, 그 판별은 개개인의 역사 안목에 기댈 수밖에 없으리라.

하지만 인간은 자연의 거대한 너울을 만나는 순간, 육체에 숨겨진 본래의 리듬을 되찾고 우주 교향곡의 원점으로 회귀하려 한다. 그러므로 사람들은 자신도 모르게 박절 행위에 몰두하게 되는 것이다.

지금 강당에 드높이 울려 퍼지는 모태의 울림을 접했을 때도 마찬가지다. 젊은이들은 온몸으로, 그리고 마음을 다해 리듬을 더듬어간다. 바로 이것이 '생명의 파동'일까, 아니면 '우주의 근원 교향곡'이라는 것일까……. 스테레오 소리는 끊임없이 퍼져 나간다.

1897년, 젊은 야나기타 구니오는 한여름을 미카와(三河) 만의 이라고(伊良湖) 곶에서 보냈다. 이세(伊勢) 만 입구를 봉쇄하듯이,

일직선으로 쭉 뻗은 아쓰미(渥美) 반도의 자라 주둥이에 해당하는 이 곳은 지질학에서 말하는 중앙구조선을 따라 반도 건너편 후타미가우라(二見浦)의 부부바위 금줄로 이어지는, 이세 지역의 신성한 숲을 가리킨다. 이라고 곶의 남쪽으로 펼쳐진 반달 모양의 모래밭은 태평양의 '구로시오(黑潮)'를 받아들이는 요충지이기도 하다. '일본의 3대 급류'라는 푯말이 서 있는 해안가에서 청년은 야자열매를 보았다고 한다.

지금도 또렷이 기억하는 것은, (곶의 끝에 있는) 작은 산의 기슭을 동쪽으로 돌아서 그 동쪽의 소나무 벌판 밖으로 배가 거의 드나들지 않는 5킬로미터 정도의 모래밭이 동남향으로 펼쳐져 있는데, 바로 거기에서 바람이 거센 다음 날 아침, 야자열매가 흘러들어 온 장면을 세 차례나 만난 적이 있다는 사실이다. …… 어느 먼바다의 작은 섬에서 바다로 퍼져나갔는지는 지금도 알 수 없지만, 여하튼 머나먼 뱃길을 넘고 또 넘어서 여전히 참신한 차림으로 이런 해안가까지 찾아왔다는 그 자체가 나에게는 깜짝 놀랄 만한 사건이었다…….

그 순간, 청년의 몸에는 무엇인가 번개처럼 스쳤으리라. 그것은 구로시오의 감촉이었을까? 야자열매와의 첫 만남 이후 반세기를 지나, 마침내 그의 탐구는 〈해상의 길〉이라는 마지막 논문이 되어 꽃을 피우고 열매를 맺게 된다.

이미 본문 첫머리에서 소개한 '폴리네시아의 피', 즉 '남방의 피'를 받아들이는 민족의 탯줄, 또는 근본 줄기가 이라고 곳에서부터 먼 바닷길을 거슬러 올라가는 것 아닐까? 이는 '북방의 피'를 받아들이는 또 하나의 탯줄이, 역시 첫머리에서 소개한 일본 고대 왕실의 보물 창고인 쇼소인(正倉院)을 종착역으로 삼고, 저 멀리 중앙아시아의 지붕을 타고 건너온 모습과 절묘한 대비를 이룬다. 해상의 길, '바닷길'에 대응해 후자를 '비단길'이라고 한다면, 이라고 곳은 '해상의 쇼소인'이라고 부를 만하지 않은가?

어느 늦은 가을날, 나는 그 지역 젊은이와 함께 이라고 곳을 찾았다. 바람이 세차게 부는 날이었다. 최근에는 기껏해야 일 년에 한 번 정도 야자나무 열매를 구경할 수 있다고 한다. 해안가에 쭉 늘어선 가게의 노상 진열대 위에는 자연산 대신 번쩍번쩍 광칠 나는, 사람 머리만 한 야자열매 덩어리가 수북하게 쌓여 있었다. 모두 수입한 야자열매다. 갈색 껍질에는 흔하디흔한 특산품 특유의 가느다란 서체로, 그 유명한 시마자키 도손(島崎藤村, 1872~1943. 일본의 유명한 시인이자 소설가—옮긴이)의 〈야자열매〉 시가 적혀 있었다.

이름도 모르는 아득히 먼 섬에서 흘러 흘러 온 야자열매 하나
고향 물가를 떠나 파도 위에서 과연 몇 달이던가…….

젊은이가 손에 든 야자열매를 건네주었다. 철썩, 철썩 그리운 소리가 열매껍질을 통해 희미하게 들리는 것 같았다. 나도 모르

그림 46 이라고 곶
왼쪽은 가미시마 섬(神島), 중앙은 도시 섬(答志島).

게 귀를 바짝 갖다 댔다. 나는 바람이 휘몰아치는 바닷가에 나와
서 모래 속으로 발을 폭폭 빠뜨리면서 가만히 걷기 시작했다. 모
래알이 얼굴에 들러붙었다. 나는 어느새 흘러 떠내려가는 유목
의 파편을 움켜쥐고 있었다. 마치 귀한 보물처럼.

　그리고 이듬해 연말 즈음, 서쪽 지방으로 내려가는 길에 다시
이라고 곶을 찾았다. 그때는 아무 데도 들르지 않고 곶의 언덕
에 우뚝 솟은 고층 호텔로 직행했다. 맨 꼭대기 층 중앙의 객실
을 한가득 메우고 있는 통유리 창틀이 마치 액자 테두리처럼, 꿈
에서까지 나타난 해안선을 황홀한 반달 모양으로 도려내고 있
었다. 나도 모르게 숨을 잠시 멈추었다. 때마침 눈부신 저녁놀에

빛나는 은빛 바다에는, 미시마 유키오(三島由紀夫, 1925~1970, 일본의 소설가—옮긴이)의 소설인 《파도 소리》의 무대가 되는, 가미시마(神島)가 우아한 삼각형의 그림자를 머금고 있었고, 저 멀리 이세의 산줄기가 어렴풋이 신의 모습을 드러냈다. 오른편 산자락 너머가 바로 이세진구 내궁의 숲이라고 한다.

그다음 날도 아주 맑은 하늘이 펼쳐졌다. 달뜬 마음을 가까스로 누르고 해변으로 내려가 모래밭에 섰다. 겨울 바다에는 역시 사람이 없었다. 나는 바닷가에 흩어진 유목을 천천히 주워 모으기 시작했다. 바위 사이에 찢긴 나무 조각, 테트라포드(tetrapod)의 거대한 발에 끼인 파편, 모래에서 상반신을 드러낸 조각들! 마치 땔감이라도 주워 모으듯이, 나는 닥치는 대로 나무 조각을 긁어모았다. 유목은 모두 껍질이 벗겨져 두루뭉술해지고, 하얀 피부는 손바닥에 부드럽게 감겼다. 바로 이것이 만물의 민얼굴일까? 여행 배낭에서 미리 준비한 휴대용 톱으로 으득으득 자르다가, 마침내 말로 표현하기 힘든 감정이 솟구쳐 올라와서 유목을 가방 가득히 허겁지겁 쑤셔 넣었다. 나무 조각은 나에게 그야말로 혈육과 같은 존재였다.

야자열매를 주워 가슴에 대면 새로운 유랑의 슬픔…….

젊은 시인의 가슴에도 분명 내장 흥분이 소용돌이 치고 있었을까? 해변에 휘몰아치는 파도 소리의 울림은 어느새 의식 표면에서 사라졌다. 때로 높이 파도쳐 부서지는 소리에 깜짝 놀라 정

신을 차리지만, 그것도 아주 잠시, 다시 의식의 저편으로 사라져
갔다. 내 마음이 구로시오의 마음과 하나가 된 것이다. 아니 더
큰 어머니의 바다 품속에 완전히 잦아들었으리라. 순간 내 마음
은 생명 기억의 고향으로 귀향하고 있었다.

1965년 여름, 지인의 별장에서 집필 중인 미키 시게오. 사진ⓒ미키 모모코.

태아의 세계에서 나오며

'태아의 세계'를 강의한 지도 어언 10년의 세월이 흘렀다. 그동안 태아의 세계를 좀 더 많은 사람에게 전하고 싶은 마음과 태아의 세계를 만천하에 드러내는 일을 이성으로 거부하는 마음이 나의 몸속에서 심한 몸싸움을 벌였다.

그런데 재작년 여름, 7년 강의를 일단락 지은 그 이듬해, 그때부터 무엇인가에 조종당하듯이 이 책을 집필하기 위해 태아의 얼굴 그리기에 몰두하게 되었다. 역시 때가 된 것일까……

오늘날까지 모태에서 재현되는 태곳적 '옛 모습'의 의미와 관련해서는 거의 알려진 바가 없다. 헤켈은 "개체 발생은 계통 발생의 짧은 반복이다."라고 말했다. 여기에서 '반복'으로 번역한, 서른두 살 생물학자의 기세등등한 표현인, 'Recapitulation'의 어원을 분석하면, 라틴어인 'caput' 즉 '머리' 부분이 're-' 즉 '되풀이한다'는 뜻임을 알 수 있다. 그러나 본문에서 이야기했듯이, 반복하는 것은 어디까지나 '머리'가 아니라 '옛 모습'이다. 더욱이 'caput'라는 단어는 'capital'로 의미가 확장되듯, '머리에 있는 것'에서부터 '자본금'까지 확대해석되어, 기계론적인 머리의 성격을 내포하게 되었다. 기계적인 반복과 구분 짓는 지점에서, 하늘을 찌르는 당찬 표현의 실수가 있지 않았을까 싶다.

하지만 헤켈이 세상을 떠난 후, 기계론의 실수를 밝히는 선의의 주석마저 힘을 잃었다. 심지어 '목욕물 버리다 아기까지 버리지 말라(Don't throw out the baby with the bathwater)'는 서양 속담이 대변해주듯이, 버리지 말아야 할 '재현'의 본질까지 사람들에게 외면당하게 되었다.

이처럼 본질마저 왜곡되는 현실 속에서, 나는 그 밑바탕에 흐르는 인류 지상주의로 상징되는 뿌리 깊은 인간 정신의 존재에 시선이 머물렀다. 같은 맥락에서 '좌뇌'의 소산인 자연과학이 '옛 모습' 즉 직관 세계를 배제하는 데 힘쓰고, 그 대신 기계론에 전념해온 사실을 떠올렸다. 이쯤 되면 '태아의 세계'는 인간이라면 많든 적든 누구나 갖춘, 좌뇌의 세계와는 본질적으로 어울리지 않는 운명을 짊어지고 있다는 사실을 알 수 있다.

물론 이런 논쟁을 훌쩍 뛰어넘어 역시 인간 사회에서는 '봐서는 안 되는 것'이 분명 존재한다. 모태 세계는 그 가운데 가장 엄숙한 세계일 것이다. 어머니 배 속에서 전개되는 모습이 어떤 것이라 하더라도 태아의 세계만큼은 영원한 신비 저편으로 슬쩍 남겨두고 싶은 것이 동서양을 초월한 인간의 보통 마음 아닐까?

하지만 이 책에서는 그 마지막 담까지 훌쩍 뛰어넘었다. 이와 같은 움직임을 냉정하게 분석하면 여기에는 교육이라는 대의명분을 앞세운, 거의 광기에 가까운 실증 정신이 어설프게 빛을 발하는 곳에서, '생명 기억'의 태곳적 세계를 지향하는 '회귀 본능'이 거침없이 소용돌이치고 있다. 요컨대 회귀 본능의 명령을 받아서, 실증의 칼날이 한 차례 번쩍 빛을 낸 것이다.

지금 이렇게 글을 마무리하면서 나는 새삼 이렇게까지 해야 하는 인간의 '업'을 생각한다. 이는 체강 어디에도 생의 무대가 보이지 않는 슬픈 천성에 허락된, 유일한 보상 행위일까……. 괴테는 이런 남성성을 대변이나 하듯이,《파우스트》제2부의 대단원을 장식하는 '신비의 합창'에서, '영원히 여성적인 것(Das Ewig-Weibliche)'을 향한 회귀로 끝을 맺었다.

가만히 생각해보면 나는 스승의 은혜를 입고 또 입었다. 지금도 셀 수 없이 많은 가르침을 받고 있다. 또한 내가 몸담은 세계를 때로는 따스하게, 때로는 따끔하게 지켜주는 수많은 친구에게도 은혜를 입었다.

남녀노소를 불문하고 고마운 모든 분에게 감사의 마음을 담아 경과보고를 올린다. 이렇게 뜻 깊은 기회를 마련해준 출판사 관계자분들에게도 진심으로 감사 인사를 드린다.

1983년 4월
미키 시게오

천재 자연철학자의 아름다운 '상상'

"미키 시게오의 상상은 현실이 될까?"

이 물음에 대한 답을 좇기 전에 먼저 이 책의 저자인 미키 시게오 선생을 한국 독자들에게 널리 소개하고자 한다. 지금은 고인이 된 미키 선생은, 일본 사상계의 거목으로 2012년에 세상을 떠난 요시모토 다카아키를 비롯해 요로 다케시, 나카무라 유지로 등 일본 최고의 지성인들이 흠모하는 자연철학자이자 사상가다. 살아 있을 때보다 세상을 떠난 후에 그의 업적과 사상이 더 주목받아 만인의 스승으로 존경받고 있다.

미키 선생이 공헌한 분야는 전공인 해부학, 생물학에서부터 보건, 보육, 교육 분야, 나아가 예술, 철학에 이르기까지 폭이 드넓을 뿐 아니라, 그 영향력 또한 실로 엄청나다. 이를 증명이라도 하듯이, 1987년에 세상을 떠난 이후 사반세기가 지난 오늘날까지도 미키 선생의 글이 활발하게 읽히고 있고, 그의 학문과 사상을 기리는 학술대회인 '미키 시게오 기념 심포지엄'도 꾸준히 개최되고 있다. 이처럼 사후에 더 높이 평가받는 이유는, 그가 몸담고 있던 세계가 자연과학의 연구실임에도 그가 설파하는 이론과 사상이 서구 근대의 기계론적이고 실증주의적 과학과는 분명히 선을 긋고 있기 때문이다.

그가 힘주어 말하는 바는 이러하다. "모든 생물은 태곳적 우주의 리듬, 생명의 근원적인 리듬을 품고 있는 소우주다. 연어가 몸속의 신비로운 기억을 더듬어서 산란을 위해 강을 거슬러 올라가듯이, 인간도 본디 대우주와 공진하는 생명 기억을 갖추고 있다." 이것이 바로 리듬의 생명관이다.

그는 서구 근대 과학이 배제한 인간과 자연의 살아 있는 자연 감각을 중요시해서, 그것을 상실한 현대인에게 자연 감각을 일깨워주려고 부단히 노력한다. 또한 현대 사회의 여러 문제는 인간이 자연계 속에서 갖춘 고유한 리듬을 상실한 결과라고 소리를 높인다. 이런 연유에서 미키 선생의 사상은 현대 사회와 현대인에게 진중한 울림을 선사하고, 문제 해결을 위한 근원적인 해법의 실마리를 제시한다.

안타깝게도 미키 선생은 《태아의 세계》(1983)를 출간하고 몇 해 지나지 않아 뇌출혈로 쓰러졌다. "모차르트 교향곡 제39번처럼, 어느 날 갑자기 인생에 마침표를 찍는 것이 좋다."는 평소의 입버릇처럼 정말 어느 날 갑자기 머나먼 나라로, 우주의 고향을 향해 떠났다.

그런 의미에서 《태아의 세계》는 그의 목소리를 오롯이 전해들을 수 있는 마지막 작품이자, 첫 출간 이후 30년이 지난 지금도 널리 읽히고 있는 그의 대표작이다. 이 책은 인간의 몸과 마음에 새겨진 생명 진화의 역사를 과학적 상상으로 규명한 책이다.

역자이기 이전에 독자로서 느낀 내밀한 감상을 스케치하자면, 한눈에 다 볼 수 없을 만큼 광활한 세계가 아침 안개처럼 어렴풋이 피어오르는 장면이다. 그도 그럴 것이 이 책의 표면적인 장르를 따지자면 과학 교양서임에 틀림없지만, 본문 내용을 과학적이거나 이성적인 잣대로 읽는다면 고개를 갸우뚱거릴 만한 대목이 분명 존재한다. 출간된 지 30년이 지난 옛 책이기 때문에 정보나 지식이 진부한 것은 어쩌면 당연할지도 모른다. 따라서 최신 정보를 구하거나 과학적인 지식을 넓히려는 목적보다는, 천재 자연철학자가 펼치는 무한한 상상의 세계를 가급적 우뇌로 만끽한다면 마지막 페이지를 덮을 즈음 머나먼 세계, 크나큰 세상을 한 바퀴 여행하고 돌아왔다는 충만감을 맛볼 수 있으리라 확신한다.

그럼 이제 첫머리에 던진 질문으로 되돌아가 보자. 답을 내리기 전에 미키 선생이 본문을 통틀어 그려낸 '상상'이 무엇인지 짤막하게 소개하겠다. 미키 선생은 '생의 근원 원리' 즉 '생명 기억'을 으뜸 화두로 삼는다. 제1부에서는 생명 기억을 일상생활에서 더듬어 회상하고, 제2부에서는 실험으로 생명 기억을 재현해 보이며, 마지막 제3부에서는 그 생명 기억의 근원을 파헤치는 과정을 '사이언스 로망'에 가깝게 그려냈다.

미키 선생은 생명의 근원을 더듬어가는 과정에서, 궁극적으로 생명에는 저마다의 파동이 있고 일정한 흐름을 타고 움직인다는 것, 즉 저마다 고유의 리듬을 품고 있음을 확인한다. 그 리듬은 곧 커다란 우주의 리듬과 이어져 있어서 영원히 돌고 도는 것이다. 이것이 바로 미키 선생의 한없이 거대하고 아름다운 상상의 참모습이다. 이는 생명의 파동을 깨닫고 우주와 또 이 세상 만물과 하나 됨을 온몸으로 느꼈을 때 비로소 살아 있는 참인간으로 거듭날 수 있음을 호소하는, 너무나 인간적인 상상이다. 이로써 인간은 리듬이 멈춘 기계처럼 죽은 존재가 아니라, 우주의 리듬을 타고 영원 주행하는 살아 있는 존재임을 현대인에게 일깨워준다.

그렇다면 "미키 시게오의 상상은 현실이 될까?" 실은 내가 이 질문을 떠올린 직접적인 계기가 있었다. 바로 '걸어 다니는 물고기'라는 화제의 뉴스가 그 주인공이다. 캐나다 맥길 대학교 연구팀이 아프리카에 서식하는 물고기인 폴립테루스(이 물고기는 책 본문에도 등장한다!)를 약 1년 동안 육지 환경에서 생활할 수 있도록 훈련시켰더니, 지느러미 두 개를 흡사 다리처럼 곧추세워서 성큼성큼 걸어 다녔다고 한다. 어류가 육상동물로 진화하는 과정을 규명하는 단서가 될 만한 획기적인 결과다.

이 기사를 읽어 내려가는 순간, 내 머릿속에는 거의 동시에 미키 선생의 얼굴이 떠올랐다.

'역시 그랬구나. 《태아의 세계》에서 거듭 강조한 생명 진화의 기억과 재현이 단순히 상상만이 아니었구나.'

이 책을 옮기는 내내 내 머릿속을 맴돌았던 약간의 의구심이 스르르 풀리는 듯했다. 동시에 미키 선생의 상상이 현실이 될 수 있느냐는 질문에, 적어도 현재 시점에서 천재 과학자의 멋진 상상이 "현실이 되고 있다!"며 명쾌하게 자문자답할 수 있게 되었다. '현실이 되었다'는 완료형 대답이 나오려면 몇십 년, 아니 몇백 년이 걸릴지 모르지만 말이다.

마찬가지로 미키 선생의 한없이 아름다운 생명 이야기를 읽으면서 독자 스스로 문제제기를 하고, 또 그 답을 찾기 위해 고민한다면 미키 선생의 상상은 더욱 빛을 발하리라. 그런 과정에서 분명 생활의 자잘한 고민거리에서 비롯되는 부정적인 감정, 즉 동물의 업보에서 벗어나 대우주와 맞닿아 있는 우주의 리듬을 타고 더할 나위 없는 평온함을 느낄 수 있으리라 확신한다. 바로 내가 그러했듯이.

마지막으로 미키 시게오 선생의 메시지를 한국에 처음으로 전파해준 바다출판사 대표님과 누구에게만 재미있는 책이 아닌, 누구에게나 재미있는 책을 만들기 위해 애써준 편집부에 진심으로 감사의 미소를 전한다.

2014년 가을날 아침 안개 속에서
미소 번역가 황소연

전문 학술 잡지에 게재된 논문은 모두 생략하고 일반적으로 접할 수 있는 서적
을 아래에 실었다.

제1부

三木成夫,〈第84回 高崎哲学堂 講演 記錄(제84회 다카사키 철학당 강연 기록)〉,
   1978.

L. Klages, *Die Grundlagen der Charakterkunde*, Bouvier, 1951.

角田忠信,《日本人の脳(일본인의 뇌)》, 大修館, 1978.

折口信夫,〈妣が国へ・常世へ(어머니의 나라로, 머나먼 나라로)〉,《古代研究(고
   대 연구)》, 中央公論社, 1965.

古畑種基,《血液型の話(혈액형 이야기)》, 岩波新書, 1962.

富永半次郎,《釈迦仏陀本紀(석가불타본기)》, 私家版, 1951.

千谷七郎,〈五蘊観の人間学的考察—クラ_ゲスの哲学と根本仏教との比較研究
   において(오온관의 인간적 고찰—클라게스의 철학과 근본 불교와의 비교
   연구에서)〉, 玉城康四郎 編,《仏教の比較思想論的研究(불교의 비교사상론적
   연구)》, 東京大学出版会, 1979.

風間喜代三,《言語学の誕生—比較言語学小史(언어학의 탄생—비교언어학소
   사)》, 岩波新書, 1978.

三木成夫,《内臓のはたらきと子どものこころ》, 築地書館, 1982:《내 아이의 마음》, 양영철 옮김, 동아일보사, 2014.

A. Portmann, *Einführung in die vergleichende Morphologie der Wirbeltiere*, Schwabe, 1948.

井尻正二,《地球の歴史(지구의 역사)》, 岩波新書, 1965.

H. Colbert, *Evolution of the Vertebrates*, John Wiley & Sons, 1969.

浅間一男, 木村達明,《植物の進化(식물의 진화)》, 講談社, 1977.

小川鼎三,《医学の歴史(의학의 역사)》, 中公新書, 1964.

A. Romer, *The Vertebrate Body*, Philadelphia: W. B. Saunders Company, 1962.

井尻正二,《詩人吉田一穂の世界(시인 요시다 잇스이의 세계)》, 築地書館, 1975.

제2부

三木成夫,〈生命の形態学(생명의 형태학) (6)〉,《綜合看護(종합 간호)》, 14卷3號, 現代社, 1979.

E. Haeckel, *Generelle Morphologie der Organismen* 2 Bd., Georg Reimer, 1866.

夢野久作,《ドグラ・マグラ》, 教養文庫, 1976:《도구라 마구라》, 이동민 옮김, 크롭써클, 2008.

제3부

Goethe, *Versuch die Metamorphose der Pflanzen zu erklären*, 1790.

L. Klages, *Vom Wesen des Rhythmus*, Gropengiesser, 1923.

L. Klages, *Der Geist als Widersacher der Seele*, Barth, 1960.

千谷七郎,〈喪われた生のリズム(잃어버린 생의 리듬)〉,〈祖先崇拝の人間学(조상 숭배의 인간학)〉,《遠近抄(원근초)》, 勁草書房, 1978.

小川環樹 譯注,《老子(노자)》, 中公文庫, 1973.

福永光司, 上田正昭, 上山春平, 《道教と古代の天皇制(도교와 고대의 천황제)》, 徳間書店, 1978.

M. Eliade, *Das Heilige und das Profane: Vom Wesen des Religiösen*, Rowohlt, 1957: 《성과 속》, 이은봉 옮김, 한길사, 1998.

L. Klages, *Grundlegung der Wissenschaft vom Ausdruck*, Bouvier, 1968.

柳田國男, 〈海上の道(해상의 길)〉, 《新編 柳田国男集(신편 야나기타 구니오집) 第12卷》, 筑摩書房, 1979.

옮긴이 **황소연**

대학에서 일본어를 전공하고 첫 직장이었던 출판사와의 인연 덕분에 지금까지 10여 년간 전문 번역가로 활동하고 있으며, '바른번역 아카데미'에서 출판번역 강의도 맡고 있다. 어려운 책을 쉬운 글로 옮기는, 그래서 독자를 미소 짓게 하는 '미소 번역가'가 되기 위해 오늘도 일본어와 우리말 사이에서 행복한 씨름 중이다.

옮긴 책으로는 《면역의 과학》《희망의 처방전 정신의학》《내 몸 안의 작은 우주 분자생물학》《내 몸 안의 지식여행 인체생리》《유쾌한 공생을 꿈꾸다》 등 80여 권이 있다.

태아의 세계
인류의 생명 기억을 찾아서

초판 1쇄 발행 | 2014년 11월 10일

지은이	미키 시게오
옮긴이	황소연
책임편집	김원영
디자인	김수정, 김한기

펴낸곳	바다출판사
발행인	김인호
주소	서울시 마포구 어울마당로5길 17(서교동, 5층)
전화	322-3885(편집), 322-3575(마케팅)
팩스	322-3858
E-mail	badabooks@daum.net
홈페이지	www.badabooks.co.kr
출판등록일	1996년 5월 8일
등록번호	제10-1288호

ISBN 978-89-5561-738-2 03100

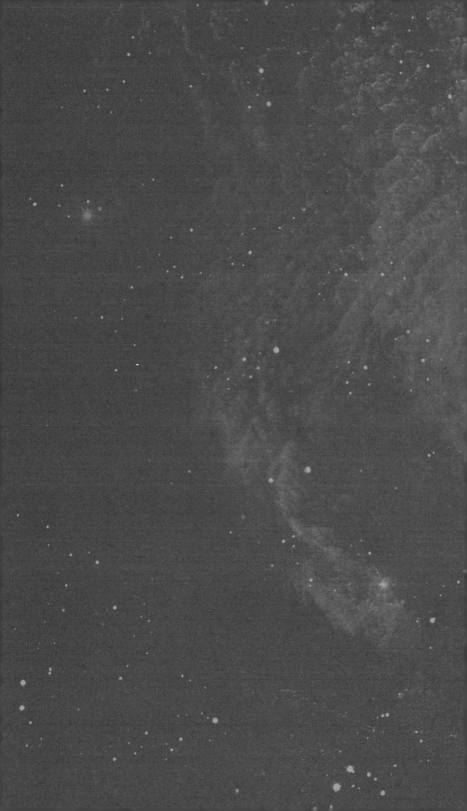